新时代万有文库

刘跃进 主编

黎思文·校点

老子（白文本）

钟书林·校点

庄子（白文本）

辽海出版社

图书在版编目（CIP）数据

老子：白文本 / 黎思文校点. 庄子：白文本 / 钟书林
校点. -- 沈阳：辽海出版社，2025. 1. -- (新时代万有
文库 / 刘跃进主编). -- ISBN 978-7-5451-7230-0

Ⅰ. B223

中国国家版本馆CIP数据核字第2024830QW5号

出 版 者：辽海出版社
　　　　　　（地址：沈阳市和平区十一纬路25号　邮编：110003）
印 刷 者：辽宁新华印务有限公司
发 行 者：辽海出版社
幅面尺寸：160mm×230mm
印 　 张：24
字 　 数：170千字
出版时间：2025年1月第1版
印刷时间：2025年1月第1次印刷
责任编辑：范高强　吴昊天
装帧设计：新思维设计　刘清霞
责任校对：李子夏

书 　 号：ISBN 978-7-5451-7230-0
定 　 价：120.00元

购书电话：024-23285299
网址：http://www.lhph.com.cn
法律顾问：辽宁普凯律师事务所　王　伟
如有质量问题，请与印刷厂联系调换
印刷厂电话：024-31255233
盗版举报电话：024-23284481
盗版举报信箱：liaohaichubanshe@163.com

《新时代万有文库》

编辑委员会

◎长沙马王堆汉墓出土帛书《老子》甲本残页

◎长沙马王堆汉墓出土帛书《老子》乙本残页

乎不敢為天下先非
禮乎故用世之學莫
深于老氏今儒者不
務自治而虛名之幻
內貪殘而外仁義慶
奢傲而治禮文此乃患
信之薄而亂之首也
而老氏之所下也

老子道德經上篇

晉　王弼　注

案河上公注本此為體道章

一章　今依張之象所錄王注原本

道可道非常道名可名非常名

可道之道可名之名指事造形非其常也故不可道

不可名也

無名天地之始有名萬物之母

凡有皆始於無故未形無名之時則為萬物之始及

其有形有名之時則長之育之亭之毒之為其母也

◎清乾隆四十年武英殿聚珍版《老子道德经》

晉　王弼注

一章

道可道非常道名可名非常名

可道之道可名之名指
事造形非其常也故不
可道不可名也

無名天地之始有名萬物之母

凡有皆始於無故未形
無名之時則為萬物之
始及其有形有名之時
則長之育之亭之毒之
為其母也言道以無形
無名始成萬物以始以
成而不知其所以玄之
又元也

故常無欲以觀其妙常有欲以觀其徼此兩者同出而異

妙者微之極也萬物始
於微而後成始於無而
後生故常無欲空虛可
以觀其始物之妙

徼歸終也凡有之為利
必以無為用欲之所本
適道而後濟故常有欲
可以觀其終物之徼也
此兩者同出而異

◎清光緒二十七年浙江書局重刻校補明華亭張之象本《老子道德經》

莊子曰人有能遊且得不遊乎人而不能遊

且得遊乎 柱之所能不得不為也柱所不能不得 強為也故聖人惟莫之制則同為皆得

而不知所 以得也

夫流遁之志決絶之行意其非至

知厚得之任與 非至厚則莫能任其 志行而信其殊能也

不反火馳而不顧 人之所好不遊是 非死生以之所 以為大

君臣時也易世而無以相賤 齊 同也

夫尊古而卑 今无所尊古而學為

人不留行焉 唯所遇而因之 故能與化俱也

今學者之流也 古无所尊古今 无所卑今失其原矣

且以豨韋之流觀今之世夫孰能不波 隨時 應務

因物乃唯至人能遊於世而不僻 當時 所在為正

順人而不失已 本无我 何失自然故承而用之 彼意自然故承而用之 性故非

學承意不彼 彼意自然故承而用之 朗夫萬物各全其我也

之猩 然也

◎法藏敦煌写本（P.2688）《庄子》残卷

吕觀文進莊子內篇義卷第三

大宗師第六

知天之所為知人之所為者至矣知天之所
為者天而生也知人之所為者以其知之所
知以養其知之所不知終其天年而不中道
夭者是知之盛也雖然有患夫知有所待而
後當其所待者特未定也庸詎知吾所謂天
之非人乎所謂人之非天乎且有真人而後
有真知

之真人不逆寡不雄成不謨士若然者過而
弗悔當而不自得也若然者登高不慄入水
不濡入火不熱是知之能登假於道也若此
其

◎俄藏黑水城本《吕观文进庄子义》残卷

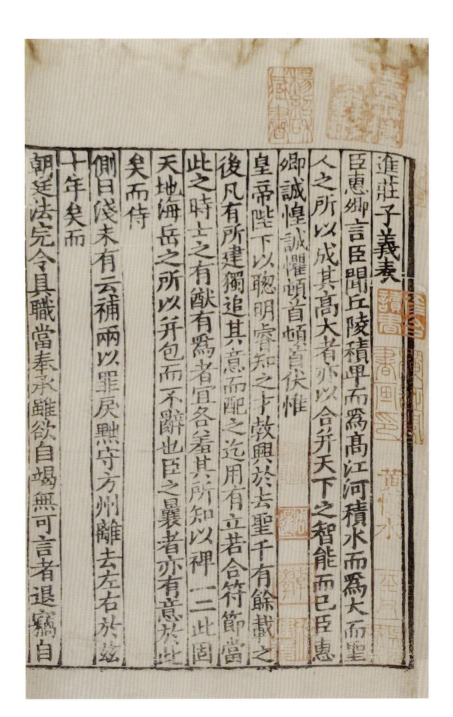

進莊子義表

臣惠卿言臣聞丘陵積埤而為高江河積水而為大而聖

人之所以成其高大者亦以合并天下之智能而已臣惠

卿誠惶誠懼頓首頓首伏惟

皇帝陛下以聰明睿知之上敦興於去聖千有餘載之

後凡有所建獨追其意而配之迄用有立若合符節當

此之時立之有猷有為者宜各著其所知以裨二之此固

天地海岳之所以并包而不辭出臣之蕘者亦有意於此

臭而侍

側目戔未有云補兩以罪戾黜守方州離去左右於兹

十年矣而

朝廷法完令具職當奉承雖欲自竭無可言者退竊自

◎金刻本《壬辰重改证吕太尉经进庄子全解》

南華真經注疏卷第一

莊子內篇逍遙遊第一

郭象注

夫小大雖殊而放於自得之場則物任其性事稱其能各
當其分逍遙一也豈容勝負於其間哉

唐西華法師成玄英疏

北冥有魚其名為鯤鯤之大不知其幾
千里也〇疏

溟猶海也取其溟漠無涯故為之溟
東方朔十洲記云溟海無風而洪波
百丈巨海之內有此大魚欲明物性自然故標為章
首玄中記云東方有大魚焉行者一日過魚頭七日

◎清光緒年間黎庶昌景宋刊本《南華真經注疏》

总　序

刘慧晏

　　新时代、新征程、新伟业，更加迫切地需要"两个结合"提供支撑和滋养。辽宁出版集团贯彻落实习近平文化思想，着眼于服务"第一个结合"，集海内百余位专家之力，分国内传播、世界传播两辑，出版《马克思主义经典文献传播通考》。巨著皇皇，总二百卷，被誉为当代马克思主义基础研究扛鼎之作。着眼于服务"第二个结合"，辽宁出版集团博咨众意，精研覃思，决定出版《新时代万有文库》。

　　自古迄今，中华文化著述汗牛充栋。早在战国时，庄子就发"以有涯随无涯，殆已"的感慨。即使在知识获取手段高度发达的今天，我想，也绝对没有人敢夸海口：可尽一生精力遍读古今文化著述。清末好读书、真读书的曾国藩，在写给儿子的家书里，做过统计分析，有清一代善于读书且公认读书最多的王念孙、王引之父子，每人一生熟稔的书也不过十几种，而他本人于四书五经之外，最好的也不过《史记》、《汉书》、《庄子》、韩愈文四种。因此，给出结论："看书不可不知所择。"

高邮王氏父子也罢，湘乡曾国藩也罢，他们选择熟读的每一本书，当然都是经典。先秦以降，经典之书，积累亦多矣。虽然尽读为难，但每一本经典，一旦选择，都值得花精力去细读细研细悟。

中华文化经典，是中华优秀传统文化的物质载体和精神表达，凝聚着中华先贤的思想智慧，民族文化自信在焉。书海茫茫，典籍浩瀚，何为经典？何为经典之善本？何为经典之优秀注本？迷津得渡，知所择读，端赖方家指引。正缘于此，辽宁出版集团邀约海内古典文史专家，不惧艰辛，阅时积日，甄择不同历史时段文化经典，甄择每部文化经典的善本和优秀注本，拟分期分批予以整理出版，以助广大读者在创造性转化和创新性发展中赓续中华文脉。

《马克思主义经典文献传播通考》的美誉度，已实至名归。《新时代万有文库》耕耘功至，其叶蓁蓁、其华灼灼、下自成蹊，或非奢望！

出版说明

一、《新时代万有文库》（以下简称"《文库》"）拟收录中华传统文化典籍中具有根脉性的元典（即"最要之书"）500种，选择具有重要学术价值和版本价值的经典版本，给予其富有鲜明时代特征的整理与解读，致力于编纂一部兼具时代性、经典性、学术性、系统性、开放性的中华优秀传统文化经典丛书，深入挖掘和阐发中华优秀传统文化的精神内涵和时代价值，激活经典，熔古铸今，为"第二个结合"提供助力，满足新时代读者对中华文化经典的需求。

二、为满足不同读者的需求，《文库》收录的典籍拟采取"一典多版本"和"一版三形式"的方式出版。"一典多版本"是指每种典籍选择一最精善之版本予以重点整理，同时选择二至三种有代表性的经典版本直接刊印，以便读者比较阅读，参照研究。"一版三形式"是指每种典籍选择一最精善之版本，分白文本、古注本、今注本三种形式出版。各版本及出版形式，根据整理进度，分批出版。

三、典籍白文本仅保留经典原文，并对其进行严谨校勘，使其文句贯通、体量适宜，便于读者精析原文，独立思考，涵泳经典。考虑到不同典籍原文字数相差悬殊的实际情况，典籍白文本拟根据字数多少，或一种典籍单独出版，或几种典籍合为一册出版。合出者除考虑字数因素外，同时兼顾以类相从的原则，按照四部书目"部、类、属"三级分类体系，同一部、同一类或同一属的典籍合为一册出版。如子部中，同为"道家类"的《老子》与《庄子》合为一册出版。

四、典籍古注本选取带有前人注疏的经典善本整理出版。所选注本多有较精善的、学术界耳熟能详的汉、唐、宋、元人古注，如《老子》选三国魏王弼注，《论语》选三国魏何晏集解，《尔雅》选晋代郭璞注，等等。

五、典籍今注本在整理典籍善本基础上，对典籍进行重新注释，包括为生僻字、多音字注音；给难解的词语如古地名、职官、典制、典故等做注，为读者阅读、学习经典扫清障碍。

六、每部典籍卷首以彩色插页的形式放置若干面重要版本的书影，以直观展现典籍的历史样貌及版本源流。

七、每部典籍均撰写"导言"一篇，主要包括作者简介、创作背景、内容简介、时代价值、版本考释等方面内容。其中重点是时代价值，揭示每一种中华传统文化经典所蕴含的优秀基因和至今仍有借鉴意义的思想观念、人文精神、道德规范等，展示中华民族的独特精神标识，彰显中华传统文化经典的"魂"，满足读者借鉴、弘扬其积极内涵的需求，找准中华传统文化与社会主义核心价值观之间的深度契合点，指明每种经典在建设中华民族现代文明中能提供哪些宝贵资源。同时，对部分经典中存在的陈旧过时或已成为糟粕性的内容，予以明确揭示，提醒读者正确取舍，有鉴别地对待，有扬弃地继承，避免厚古薄今、以古非今。

八、校勘整理以对校为主，兼采他书引文、相关文献及前人成说，不做烦琐考证。选择一种或多种重要版本与底本对勘，以页下注的形式出校勘记，对讹、脱、衍、倒等重要异文进行说明，并适当指出旧注存在的明显问题。鉴于不同典籍在内容、体例、底本准确性等方面存在较大差异，《文库》对是否校改原文及具体校勘方式不作严格统一，每种典籍依具体情况灵活处理，并在书前列"整理说明"。

九、《文库》原则上采用简体横排的形式，施以现代新式标点，不使用古籍整理中的专名号。古注本的注文依底本排在正文字句间，改为单行，变更字体字号与正文相区别。

十、《文库》原则上使用规范简化字，依原文具体语境、语义酌情保留少量古体字、异体字、俗体字。《说文解字》《尔雅》等古代字书则全文使用繁体字排印。

《新时代万有文库》编辑委员会

2023年10月

目　录

老子

整理说明 / 003

上篇 / 005

一章 …………………………………………………… 006

二章 …………………………………………………… 006

三章 …………………………………………………… 007

四章 …………………………………………………… 007

五章 …………………………………………………… 008

六章 …………………………………………………… 008

七章 …………………………………………………… 009

八章 …………………………………………………… 009

九章 …………………………………………………… 010

十章 …………………………………………………… 010

十一章 ………………………………………………… 011

十二章 ………………………………………………… 011

十三章 ………………………………………………… 012

十四章 ………………………………………………… 012

十五章 ………………………………………………………… 013

十六章 ………………………………………………………… 014

十七章 ………………………………………………………… 014

十八章 ………………………………………………………… 015

十九章 ………………………………………………………… 015

二十章 ………………………………………………………… 016

二十一章 ……………………………………………………… 017

二十二章 ……………………………………………………… 017

二十三章 ……………………………………………………… 018

二十四章 ……………………………………………………… 019

二十五章 ……………………………………………………… 019

二十六章 ……………………………………………………… 020

二十七章 ……………………………………………………… 020

二十八章 ……………………………………………………… 021

二十九章 ……………………………………………………… 021

三十章 ………………………………………………………… 022

三十一章 ……………………………………………………… 022

三十二章 ……………………………………………………… 023

三十三章 ……………………………………………………… 024

三十四章 ……………………………………………………… 024

三十五章 ……………………………………………………… 025

三十六章 ……………………………………………………… 025

三十七章 ……………………………………………………… 026

下篇 / 027

三十八章 ……………………………………………………… 028

三十九章 …………………………………………… 028

四十章 …………………………………………… 029

四十一章 …………………………………………… 030

四十二章 …………………………………………… 030

四十三章 …………………………………………… 031

四十四章 …………………………………………… 031

四十五章 …………………………………………… 032

四十六章 …………………………………………… 032

四十七章 …………………………………………… 033

四十八章 …………………………………………… 033

四十九章 …………………………………………… 034

五十章 …………………………………………… 034

五十一章 …………………………………………… 035

五十二章 …………………………………………… 036

五十三章 …………………………………………… 036

五十四章 …………………………………………… 037

五十五章 …………………………………………… 037

五十六章 …………………………………………… 038

五十七章 …………………………………………… 038

五十八章 …………………………………………… 039

五十九章 …………………………………………… 039

六十章 …………………………………………… 040

六十一章 …………………………………………… 040

六十二章 …………………………………………… 041

六十三章 …………………………………………… 041

六十四章 …………………………………………… 042

六十五章	……………………………………………………………	043
六十六章	……………………………………………………………	043
六十七章	……………………………………………………………	044
六十八章	……………………………………………………………	044
六十九章	……………………………………………………………	045
七十章	……………………………………………………………	045
七十一章	……………………………………………………………	046
七十二章	……………………………………………………………	046
七十三章	……………………………………………………………	047
七十四章	……………………………………………………………	047
七十五章	……………………………………………………………	048
七十六章	……………………………………………………………	048
七十七章	……………………………………………………………	049
七十八章	……………………………………………………………	049
七十九章	……………………………………………………………	050
八十章	……………………………………………………………	050
八十一章	……………………………………………………………	051

晁说之跋 / 052

熊克重刊跋 / 054

老子（白文本）

庄子（白文本）

庄子

整理说明 / 057

进《庄子义》表 / 061

卷一 / 067

逍遥游第一 ………………………………………………… 068
齐物论第二 ………………………………………………… 077

卷二 / 091

养生主第三 ………………………………………………… 092
人间世第四 ………………………………………………… 095
德充符第五 ………………………………………………… 107

卷三 / 115

大宗师第六 ………………………………………………… 116
应帝王第七 ………………………………………………… 129

卷四 / 135

骈拇第八 …………………………………………………… 136
马蹄第九 …………………………………………………… 140
胠箧第十 …………………………………………………… 142
在宥第十一 ………………………………………………… 147

卷五 / 159

天地第十二 ………………………………………… 160

天道第十三 ………………………………………… 173

天运第十四 ………………………………………… 182

卷六 / 193

刻意第十五 ………………………………………… 194

缮性第十六 ………………………………………… 197

秋水第十七 ………………………………………… 200

至乐第十八 ………………………………………… 211

卷七 / 217

达生第十九 ………………………………………… 218

山木第二十 ………………………………………… 228

田子方第二十一 …………………………………… 238

知北游第二十二 …………………………………… 249

卷八 / 261

庚桑楚第二十三 …………………………………… 262

徐无鬼第二十四 …………………………………… 273

则阳第二十五 ……………………………………… 289

卷九 / 301

外物第二十六 ……………………………………… 302

寓言第二十七 ……………………………………… 313

让王第二十八 ………………………………… 317

盗跖第二十九 ………………………………… 328

卷十 / 341

说剑第三十 …………………………………… 342

渔父第三十一 ………………………………… 346

列御寇第三十二 ……………………………… 352

天下第三十三 ………………………………… 359

老子

整理说明

一、本书以清光绪二十七年（1901）浙江书局重刻校补明华亭张之象本《老子道德经》为底本（《四部备要》本及《诸子集成》本与此本同），参校马王堆汉墓出土帛书《老子》甲本、乙本（据中华书局1996年出版的高明《帛书老子校注》，简称帛书《老子》甲本、乙本），明刻《道藏》中《道德真经注》（简称"《道藏》经注本"）、《道德真经集注》（简称"《道藏》集注本"）、《道德真经集义》（简称"《道藏》集义本"），武英殿聚珍版《老子道德经》（简称"武英殿本"），黎庶昌《古逸丛书》所收《集唐字老子道德经注》（简称"《古逸丛书》本"），同时参考《列子》张湛注、《文选》李善注、易顺鼎《读老札记》、陶鸿庆《读诸子札记》、宇惠《王注老子道德经》、东条弘《老子王注标识》、楼宇烈《王弼集校释》诸说。

二、对于重要异文及讹、脱、衍、倒之处作校记于页脚。凡有异文，均标明版本出处；凡有引用，辄具详作者姓名。举凡一般的异体字、避讳字及由底本写刻造成的讹字、俗字等，原则上径改不出校记。

三、底本原有王弼注皆删去不录。底本卷末有晁说之跋和熊克重刊跋，今附录于后，以资参考。原附《经典释文·老子道德经音义》和《附识》则删去不录。

四、为便于说明校改前后差异，底本的错字、衍文一依原文保留，改用小字排列，外加（　　）号；改正、增补的文字，外加〔　　〕号标示。

上篇

一章

　　道可道，非常道；名可名，非常名。无名天地之始，有名万物之母。故常无欲，以观其妙；常有欲，以观其徼。此两者同出而异名，同谓之玄，玄之又玄，众妙之门。

二章

　　天下皆知美之为美，斯恶已；皆知善之为善，斯不善已。故有无相生，难易相成，长短相较，高下相倾，音声相和，前后相随。是以圣人处无为之事，行不言之教，万物作焉而不辞，生而不有，为而不恃，功成而弗居。夫唯弗居，是以不去。

三章

　　不尚贤，使民不争；不贵难得之货，使民不为盗；不见可欲，使民心不乱。是以圣人之治，虚其心，实其腹，弱其志，强其骨。常使民无知无欲，使夫智者不敢为也。为无为，则无不治。

四章

　　道冲而用之或不盈，渊兮似万物之宗。挫其锐，解其纷，和其光，同其尘。湛兮似或存。吾不知谁之子，象帝之先。

五章

天地不仁，以万物为刍狗；圣人不仁，以百姓为刍狗。天地之间，其犹橐籥乎？虚而不屈，动而愈出。多言数穷，不如守中。

六章

谷神不死，是谓玄牝。玄牝之门，是谓天地根。绵绵若存，用之不勤。

｜ 七章 ｜

天长地久。天地所以能长且久者，以其不自生，故能长生。是以圣人后其身而身先，外其身而身存。非以其无私邪？故能成其私。

｜ 八章 ｜

上善若水。水善利万物而不争，处众人之所恶，故几于道。居善地，心善渊，与善仁，言善信，正善治，事善能，动善时。夫唯不争，故无尤。

｜ 九章 ｜

　　持而盈之，不如其已。揣而棁之，不可长保。金玉满堂，莫之能守。富贵而骄，自遗其咎。功遂身退，天之道。

｜ 十章 ｜

　　载营魄抱一，能无离乎？专气致柔，能婴儿乎？涤除玄览，能无疵乎？爱民治国，能无知乎？天门开阖，能（无）〔为〕①雌乎？明白四

---

　　① "为"，据《古逸丛书》本、《道藏》经注本、《道藏》集注本、帛书《老子》乙本校改。王弼注复述经文"言天门开阖能为雌乎"可证。

达，能无为乎？生之，畜之。生而不有，为而不恃，长而不宰，是谓玄德。

十一章

三十辐共一毂，当其无，有车之用。埏埴以为器，当其无，有器之用。凿户牖以为室，当其无，有室之用。故有之以为利，无之以为用。

十二章

五色令人目盲，五音令人耳聋，五味令人口爽，驰骋畋猎令人心发狂，难得之货令人行妨。是以圣人为腹不为目，故去彼取此。

| 十三章 |

宠辱若惊，贵大患若身。何谓宠辱若惊？宠为下，得之若惊，失之若惊，是谓宠辱若惊。何谓贵大患若身？吾所以有大患者，为吾有身，及吾无身，吾有何患？故贵以身为天下，若可寄天下；爱以身为天下，若可托天下。

| 十四章 |

视之不见名曰夷，听之不闻名曰希，搏之不得名曰微。此三者，不可致诘，故混而为一。其上不皦，其下不昧。绳绳不可名，复归于无物。是谓无状之状，无物之象，是谓惚恍。迎之不见其首，随之不见其后。执古之道，以御今之有。能知古始，是谓道纪。[①]

十五章

古之善为士者，微妙玄通，深不可识。夫唯不可识，故强为之容。豫焉若冬涉川，犹兮若畏四邻，俨兮其若容，涣兮若冰之将释，敦兮其若朴，旷兮其若谷，混兮其若浊。孰能浊以静之徐清？孰能安以久动之徐生？保此道者不欲盈。夫唯不盈，故能蔽不新成。

---

① "执古之道"以下，帛书《老子》甲本、乙本作："执今之道，以御今之有。以知古始，是谓道纪。"（帛书甲本"道纪"二字缺）

十六章

致虚极，守静笃。万物并作，吾以观复。夫物芸芸，各复归其根。归根曰静，是谓复命。复命曰常，知常曰明。不知常，妄作，凶。知常容，容乃公，公乃王，王乃天，天乃道，道乃久，没身不殆。

十七章

太上，下知有之。其次，亲而誉之。其次，畏之。其次，侮之。信不足焉，有不信焉。悠兮其贵言。功成事遂，百姓皆谓我自然。

| 十八章 |

　　大道废，有仁义；慧智出，有大伪；六亲不和，有孝慈；国家昏乱，有忠臣。

| 十九章 |

　　绝圣弃智，民利百倍；绝仁弃义，民复孝慈；绝巧弃利，盗贼无有。此三者以为文不足，故令有所属。见素抱朴，少私寡欲。

二十章

绝学无忧。唯之与（阿）〔呵〕①，相去几何？（善）〔美〕②之与恶，相去若何？人之所畏，不可不畏。荒兮其未央哉！众人熙熙，如享太牢，如春登台。我独泊兮其未兆，如婴儿之未孩。儽儽兮若无所归。众人皆有余，而我独若遗。我愚人之心也哉！沌沌兮！俗人昭昭，我独昏昏；俗人察察，我独闷闷。澹兮其若海，飂兮若无止。众人皆有以，而我独顽似鄙。我独异于人③，而贵食母。

----

① "呵"，帛书《老子》甲本作"诃"，乙本作"呵"。易顺鼎云："'唯''阿'意同，于文不合，疑当作'唯之与呵'。"据改。

② "美"，据帛书《老子》甲本、乙本校改。王弼注作"美恶"，可证。

③ "我独异于人"，帛书《老子》甲本作"我欲独异于人"，乙本作"吾欲独异于人"。

| 二十一章 |

　　孔德之容，惟道是从。道之为物，惟恍惟惚。惚兮恍兮，其中有象；恍兮惚兮，其中有物。窈兮冥兮，其中有精；其精甚真，其中有信。自古及今①，其名不去，以阅众甫。吾何以知众甫之状哉？以此。

| 二十二章 |

　　曲则全，枉则直，洼则盈，敝则新，少则

----

　　① "自古及今"，帛书《老子》甲本、乙本作"自今及古"。

得，多则惑。是以圣人抱一，为天下式。不自见故明，不自是故彰，不自伐故有功，不自矜故长。夫唯不争，故天下莫能与之争。古之所谓曲则全者，岂虚言哉？诚全而归之。

| 二十三章 |

希言自然。故飘风不终朝，骤雨不终日。孰为此者？天地。天地尚不能久，而况于人乎？故从事于道者，道者同于道，德者同于德，失者同于失。同于道者，道亦乐得之；同于德者，德亦乐得之；同于失者，失亦乐得之。信不足焉，有不信焉。①

---

① "信不足焉，有不信焉"，帛书《老子》甲本、乙本无此句。

二十四章

　　企者不立，跨者不行，自见者不明，自是者不彰，自伐者无功，自矜者不长。其在道也，曰余食赘行。物或恶之，故有道者不处。

二十五章

　　有物混成，先天地生。寂兮寥兮，独立不改，周行而不殆，可以为天下母。吾不知其名，字之曰道，强为之名曰大。大曰逝，逝曰远，远曰反。故道大，天大，地大，王亦大。域中有四大，而王居其一焉。人法地，地法天，天法道，道法自然。

二十六章

重为轻根，静为躁君。是以圣人终日行不离辎重。虽有荣观，燕处超然。奈何万乘之主，而以身轻天下？轻则失本，躁则失君。

二十七章

善行无辙迹，善言无瑕谪，善数不用筹策，善闭无关楗而不可开，善结无绳约而不可解。是以圣人常善救人，故无弃人；常善救物，故无弃物。是谓袭明。故善人者，不善人之师；不善人者，善人之资。不贵其师，不爱其资，虽智大迷，是谓要妙。

| 二十八章 |

知其雄，守其雌，为天下溪。为天下溪，常德不离，复归于婴儿。知其白，守其黑，为天下式。为天下式，常德不忒，复归于无极。知其荣，守其辱，为天下谷。为天下谷，常德乃足，复归于朴。朴散则为器，圣人用之，则为官长。故大制不割。

| 二十九章 |

将欲取天下而为之，吾见其不得已。天下神器，不可为也。为者败之，执者失之。故物或行或随，或歔或吹，或强或羸，或挫或隳。是以圣人去甚，去奢，去泰。

三十章

以道佐人主者，不以兵强天下，其事好还。
师之所处，荆棘生焉。大军之后，必有凶年。善
有果而已，不敢以取强。果而勿矜，果而勿伐，
果而勿骄。果而不得已，果而勿强。物壮则老，
是谓不道，不道早已。

三十一章

夫佳兵者，不祥之器，物或恶之，故有道者
不处。君子居则贵左，用兵则贵右。兵者，不祥
之器，非君子之器。不得已而用之，恬淡为上，

胜而不美。而美之者，是乐杀人。夫乐杀人者，则不可以得志于天下矣。吉事尚左，凶事尚右。偏将军居左，上将军居右，言以丧礼处之。杀人之众，以哀悲泣之。战胜，以丧礼处之。

| 三十二章 |

道常无名，朴虽小，天下莫能臣也。侯王若能守之，万物将自宾。天地相合以降甘露，民莫之令而自均。始制有名，名亦既有，夫亦将知止。知止（可）〔所〕①以不殆。譬道之在天下，犹川谷之于江海。

----

① "所"，据帛书《老子》甲本、乙本及王弼注校改。

| 三十三章 |

知人者智，自知者明。胜人者有力，自胜者强。知足者富，强行者有志，不失其所者久。死而不亡者寿。

| 三十四章 |

大道泛兮，其可左右。万物恃之而生而不辞，功成不名有，衣养万物而不为主。常无欲，可名于小；万物归焉而不为主，可名为大。以其终不自为大，故能成其大。

| 三十五章 |

执大象，天下往。往而不害，安平太。乐与饵，过客止。道之出口，淡乎其无味，视之不足见，听之不足闻，用之不足既。

| 三十六章 |

将欲歙之，必固张之；将欲弱之，必固强之；将欲废之，必固兴之；将欲夺之，必固与之。是谓微明。柔弱胜刚强。鱼不可脱于渊，国之利器不可以示人。

三十七章

道常无为，而无不为。侯王若能守之，万物将自化。化而欲作，吾将镇之以无名之朴。无名之朴，夫亦将无欲。不欲以静，天下将自定。

下篇

三十八章

上德不德，是以有德；下德不失德，是以无德。上德无为而无以为，下德为之而有以为。上仁为之而无以为，上义为之而有以为，上礼为之而莫之应，则攘臂而扔之。故失道而后德，失德而后仁，失仁而后义，失义而后礼。夫礼者，忠信之薄而乱之首。前识者，道之华而愚之始。是以大丈夫处其厚，不居其薄；处其实，不居其华。故去彼取此。

三十九章

昔之得一者，天得一以清，地得一以宁，

神得一以灵，谷得一以盈，万物得一以生，侯王得一以为天下贞。其致之。天无以清将恐裂，地无以宁将恐发，神无以灵将恐歇，谷无以盈将恐竭，万物无以生将恐灭，侯王无以贵高将恐蹶。故贵以贱为本，高以下为基。是以侯王自谓孤、寡、不穀。此非以贱为本邪？非乎？故致数舆无舆。不欲琭琭如玉，珞珞如石。

四十章

反者，道之动；弱者，道之用。天下万物生于有，有生于无。

四十一章

上士闻道，勤而行之；中士闻道，若存若亡；下士闻道，大笑之，不笑不足以为道。故建言有之：明道若昧，进道若退，夷道若纇。上德若谷，大白若辱，广德若不足，建德若偷，质真若渝，大方无隅，大器晚成，大音希声，大象无形，道隐无名。夫唯道，善贷且成。

四十二章

道生一，一生二，二生三，三生万物。万物负阴而抱阳，冲气以为和。人之所恶，唯孤、寡、不穀，而王公以为称。故物或损之而益，或益之而损。人之所教，我亦教之。强梁者不得其死，吾将以为教父。

四十三章

天下之至柔，驰骋天下之至坚。无有入无间，吾是以知无为之有益。不言之教，无为之益，天下希及之。

四十四章

名与身孰亲？身与货孰多？得与亡孰病？是故甚爱必大费，多藏必厚亡。知足不辱，知止不殆，可以长久。

四十五章

大成若缺，其用不弊。大盈若冲，其用不穷。大直若屈，大巧若拙，大辩若讷。躁胜寒，静胜热，清静为天下正。

四十六章

天下有道，却走马以粪；天下无道，戎马生于郊。祸莫大于不知足，咎莫大于欲得。故知足之足，常足矣。

四十七章

不出户，知天下；不窥牖，见天道。其出弥远，其知弥少。是以圣人不行而知，不见而名，不为而成。

四十八章

为学日益，为道日损。损之又损，以至于无为。无为而无不为。取天下常以无事，及其有事，不足以取天下。

四十九章

　　圣人无常心，以百姓心为心。善者，吾善之，不善者，吾亦善之，德善。信者，吾信之，不信者，吾亦信之，德信。圣人在天下歙歙，为天下浑其心，〔百姓皆注其耳目〕[①]。圣人皆孩之。

五十章

　　出生入死。生之徒，十有三；死之徒，十有

---

　　① "百姓皆注其耳目"，据《古逸丛书》本、《道藏》经注本校补。

三；人之生，动之死地，亦十有三。夫何故？以其生生之厚。盖闻善摄生者，陆行不遇兕虎，入军不被甲兵。兕无所投其角，虎无所措其爪，兵无所容其刃。夫何故？以其无死地。

五十一章

道生之，德畜之，物形之，势成之。是以万物莫不尊道而贵德。道之尊，德之贵，夫莫之命而常自然。故道生之，德畜之。长之、育之、亭之、毒之、养之、覆之。生而不有，为而不恃，长而不宰，是谓玄德。

五十二章

天下有始，以为天下母。既得其母，以知其子，既知其子，复守其母，没身不殆。塞其兑，闭其门，终身不勤。开其兑，济其事，终身不救。见小曰明，守柔曰强。用其光，复归其明，无遗身殃，是为习常。

五十三章

使我介然有知，行于大道，唯施是畏。大道甚夷，而民好径。朝甚除，田甚芜，仓甚虚。服文彩，带利剑，厌饮食，财货有余，是谓盗夸。非道也哉！

| 五十四章 |

善建者不拔，善抱者不脱，子孙以祭祀不辍。修之于身，其德乃真；修之于家，其德乃余；修之于乡，其德乃长；修之于国，其德乃丰；修之于天下，其德乃普。故以身观身，以家观家，以乡观乡，以国观国，以天下观天下。吾何以知天下然哉？以此。

| 五十五章 |

含德之厚，比于赤子。蜂虿虺蛇不螫，猛兽不据，攫鸟不搏。骨弱筋柔而握固，未知牝牡之合而全作，精之至也。终日号而不嗄，和之至也。知和曰常，知常曰明。益生曰祥，心使气曰强。物壮则老，谓之不道，不道早已。

五十六章

知者不言，言者不知。塞其兑，闭其门，挫其锐，解其分，和其光，同其尘，是谓玄同。故不可得而亲，不可得而疏；不可得而利，不可得而害；不可得而贵，不可得而贱。故为天下贵。

五十七章

以正治国，以奇用兵，以无事取天下。吾何以知其然哉？以此。天下多忌讳，而民弥贫；民多利器，国家滋昏；人多伎巧，奇物滋起；法令滋彰，盗贼多有。故圣人云：我无为而民自化，我好静而民自正，我无事而民自富，我无欲而民自朴。

五十八章

其政闷闷，其民淳淳；其政察察，其民缺缺。祸兮福之所倚，福兮祸之所伏。孰知其极？其无正？正复为奇，善复为妖。人之迷，其日固久。是以圣人方而不割，廉而不刿，直而不肆，光而不耀。

五十九章

治人事天莫若啬。夫唯啬，是谓早服；早

服谓之重积德；重积德则无不克；无不克则莫知其极；莫知其极，可以有国；有国之母，可以长久。是谓深根固柢，长生久视之道。

六十章

治大国若烹小鲜。以道莅天下，其鬼不神。非其鬼不神，其神不伤人；非其神不伤人，圣人亦不伤人。夫两不相伤，故德交归焉。

六十一章

大国者下流。天下之交，天下之牝。牝常以静胜牡，以静为下。故大国以下小国，则取小国；小国以下大国，则取大国。故或下以取，或下而取。大国不过欲兼畜人，小国不过欲入事人。夫两者各得其所欲，大者宜为下。

六十二章

道者万物之奥，善人之宝，不善人之所保。美言可以市，尊行可以加人。人之不善，何弃之有！故立天子、置三公，虽有拱璧以先驷马，不如坐进此道。古之所以贵此道者何？不曰以求得，有罪以免邪？故为天下贵。

六十三章

为无为，事无事，味无味。大小多少，报怨以德。图难于其易，为大于其细。天下难事必作于易，天下大事必作于细。是以圣人终不为大，故能成其大。夫轻诺必寡信，多易必多难。是以圣人犹难之，故终无难矣。

六十四章

其安易持，其未兆易谋，其脆易泮，其微易散。为之于未有，治之于未乱。合抱之木，生于毫末；九层之台，起于累土；千里之行，始于足下。为者败之，执者失之。是以圣人无为，故无败；无执，故无失。民之从事，常于几成而败之。慎终如始，则无败事。是以圣人欲不欲，不贵难得之货；学不学，复众人之所过。以辅万物之自然，而不敢为。

六十五章

古之善为道者，非以明民，将以愚之。民之难治，以其智多。故以智治国，国之贼；不以智治国，国之福。知此两者，亦稽式。常知稽式，是谓玄德。玄德深矣，远矣，与物反矣，然后乃至大顺。

六十六章

江海所以能为百谷王者，以其善下之，故能为百谷王。是以欲上民，必以言下之；欲先民，必以身后之。是以圣人处上而民不重，处前而民不害。是以天下乐推而不厌。以其不争，故天下莫能与之争。

六十七章

天下皆谓我道大，似不肖。夫唯大，故似不肖。若肖，久矣其细也夫！我有三宝，持而保之：一曰慈，二曰俭，三曰不敢为天下先。慈，故能勇；俭，故能广；不敢为天下先，故能成器长。今舍慈且勇，舍俭且广，舍后且先，死矣！夫慈，以战则胜，以守则固。天将救之，以慈卫之。

六十八章

善为士者不武，善战者不怒，善胜敌者不与，善用人者为之下。是谓不争之德，是谓用人之力，是谓配天古之极。

六十九章

用兵有言：吾不敢为主而为客，不敢进寸而退尺。是谓行无行，攘无臂，扔无敌，执无兵①。祸莫大于轻敌，轻敌几丧吾宝。故抗兵相（加）〔若〕②，哀者胜矣。

七十章

吾言甚易知、甚易行，天下莫能知、莫能

① "执无兵"，帛书《老子》甲本、乙本在"攘无臂"下。

② "若"，据帛书《老子》甲本、乙本校改。

行。言有宗，事有君。夫唯无知，是以不我知。知我者希，则我（者）贵〔矣〕[①]。是以圣人被褐怀玉。

七十一章

知不知，上；不知知，病。夫唯病病，是以不病。圣人不病，以其病病，是以不病。

七十二章

民不畏威，则大威至。无狎其所居，无厌其

---

① "则我贵矣"，据《道藏》集注本及帛书《老子》甲本、乙本校改。

所生。夫唯不厌，是以不厌。是以圣人自知不自见，自爱不自贵。故去彼取此。

七十三章

勇于敢则杀，勇于不敢则活。此两者或利或害。天之所恶，孰知其故？是以圣人犹难之。天之道，不争而善胜，不言而善应，不召而自来，繟然而善谋。天网恢恢，疏而不失。

七十四章

民不畏死，奈何以死惧之！若使民常畏死，而为奇者，吾得执而杀之，孰敢？常有司杀者杀，夫代司杀者杀，是谓代大匠斫。夫代大匠斫者，希有不伤其手矣。

七十五章

民之饥，以其上食税之多，是以饥。民之难治，以其上之有为，是以难治。民之轻死，以其求生之厚，是以轻死。夫唯无以生为者，是贤于贵生。

七十六章

人之生也柔弱，其死也坚强。万物草木之生也柔脆，其死也枯槁。故坚强者死之徒，柔弱者生之徒。是以兵强则不胜，木强则兵。强大处下，柔弱处上。

| 七十七章 |

天之道，其犹张弓与！高者抑之，下者举之；有余者损之，不足者补之。天之道，损有余而补不足；人之道则不然，损不足以奉有余。孰能有余以奉天下？唯有道者。是以圣人为而不恃，功成而不处，其不欲见贤。

| 七十八章 |

天下莫柔弱于水，而攻坚强者莫之能胜，其无以易之。弱之胜强，柔之胜刚，天下莫不知，莫能行。是以圣人云：受国之垢，是谓社稷主；受国不祥，是为天下王。正言若反。

七十九章

　　和大怨，必有余怨，安可以为善？是以圣人执左契，而不责于人。有德司契，无德司彻。天道无亲，常与善人。

八十章

　　小国寡民。使有什伯之器而不用，使民重死而不远徙。虽有舟舆，无所乘之；虽有甲兵，无所陈之。使人复结绳而用之，甘其食，美其服，安其居，乐其俗。邻国相望，鸡犬之声相闻，民至老死不相往来。

八十一章

信言不美，美言不信；善者不辩，辩者不善；知者不博，博者不知。圣人不积，既以为人，己愈有；既以与人，己愈多。天之道，利而不害；圣人之道，为而不争。

晁说之跋

　　王弼《老子道德经》二卷，真得《老子》之学欤！盖严君平《指归》之流也。其言仁义与礼，不能自用，必待道以用之，天地万物各得于一，岂特有功于《老子》哉！凡百学者，盖不可不知乎此也。予于是知弼本深于《老子》，而《易》则末矣。其于《易》，多假诸《老子》之旨，而《老子》无资于《易》者。其有余、不足之迹，断可见也。

　　呜呼，学其难哉！弼知"佳兵者，不祥之器"，至于"战胜，以丧礼处之"，非《老子》之言，乃不知"常善救人，故无弃人；常善救物，故无弃物"，独得诸河上公，而古本无有也，赖傅奕能辩之尔。然弼题是书曰《道德经》，不析乎道、德，而上、下之，犹近于古欤！其文字则多误谬，殆有不可读者，令人惜之。

尝谓弼之于《老子》，张湛之于《列子》，郭象之于《庄子》，杜预之于《左氏》，范宁之于《穀梁》，毛苌之于《诗》，郭璞之于《尔雅》，完然成一家之学，后世虽有作者，未易加也。予既缮写弼书，并以记之。

政和乙未十月丁丑嵩山晁说之廓畤记。

熊克重刊跋

克伏诵咸平圣语有曰："《老子道德经》治世之要，明皇解虽灿然可观，王弼所注，言简意深，真得老氏清净之旨。"克自此求弼所注甚力，而近世希有，盖久而后得之。

往岁，摄建宁学官，尝以刊行。既又得晁以道先生所题本，不分道、德而上、下之，亦无篇目。克喜其近古，缮写藏之。乾道庚寅，分教京口，复镂板以传。若其字之谬讹，前人已不能证，克焉敢轻易？姑俟夫知者。

三月二十四日左从事郎充镇江府府学教授熊克谨记。

庄子

整理说明

一、本次整理以中国国家图书馆藏《壬辰重改证吕太尉经进庄子全解》（又称《金刻本庄子全解》）为底本。《壬辰重改证吕太尉经进庄子全解》为清代杨氏海源阁所珍藏的著名宋元刻本中重要的孤本之一，具有独特的版本价值与学术价值。本书行文中原有吕惠卿所作夹注，为便于读者阅读，本次整理删去古注，仅保留经典原文，并对其进行严谨校勘。

二、本次点校所据参校本主要有：

俄罗斯所藏内蒙古黑水城发掘所得北宋刊《吕观文进庄子义》残卷，简称"黑水城本"。仅存一百一十页，起自《齐物论》"解者，是旦暮遇之也"，讫于《天运》"今蕲行周于鲁，是犹推"，中间略有残损。

陆德明《经典释文》卷26—卷28《庄子音义》，简称"《经典释文》"。

《道藏》成玄英《南华真经注疏》，简称"道藏本"。

《古逸丛书》覆宋《庄子注疏》——《南华真经

注疏》，简称"覆宋本"。

《四部丛刊初编》景印明世德堂刊本《南华真经》，简称"世德堂本"。

褚伯秀《南华真经义海纂微》，简称"褚伯秀本"。

林希逸《庄子口义》，简称"林希逸本"。

郭庆藩撰、王孝鱼点校《庄子集释》，中华书局，1961年。

王叔岷《庄子校诠》，中华书局，2007年。

陈鼓应《庄子今注今译》，中华书局，2009年修订版。

吕惠卿撰、汤君集校《庄子义集校》，中华书局，2009年，简称"集校本"。

日本狩野直喜旧钞卷子本（高山寺本）《庄子残卷校勘记》，简称"高山寺本"。

三、《文选》李善注、《初学记》、《艺文类聚》、《太平御览》等典籍中出现的《庄子》引文，对于本书校勘有一定价值，亦酌情参校。

四、本次整理只对《庄子》正文所涉及的重要、必要异文作适当校勘，以脚注形式出校勘记。底本之讹、脱、衍、倒，除必要外一般不在正文中径改，只是在校勘记中予以说明。整理中对于简化后会影响字义理解的俗体字、异体字，尽量予以保留。底本中因书刻而造成的明显讹误，据上下文可定是非者，径予改正，原则上不出校记。

五、底本分卷、分节（分段）极有特色，不同于一般的通行本，而有自身的思考。本次整理，在分卷上，保留底本原貌，以彰显其特色；在分段上，则根据今人阅读习惯，在保持底本原貌的基础上酌情分段，概不出校。

进《庄子义》表

臣惠卿言：

臣闻丘陵积卑而为高，江河积水而为大；而圣人之所以成其高大者，亦以合并天下之智能而已。臣惠卿诚惶诚惧，顿首顿首。

伏惟皇帝陛下，以聪明睿知之才，勃兴于去圣千有余载之后。凡有所建，独追其意而配之，迄用有立，若合符节。当此之时，士之有猷有为者，宜各羞其所知，以裨一二，此固天地、海岳之所以并包而不辞也。臣之曩者亦有意于此矣。而侍侧日浅，未有云补，两以罪戾，黜守方州。离去左右，于兹十年矣！而朝廷法完令具，职当奉承，虽欲自竭，无可言者。退窃自度，惟是不腆之学，尚可黾勉以报平昔宠遇之万一。是以冒昧殊死，辄有所献，伏惟留神财幸。

臣窃以不离于宗，谓之天人；不离于精，谓

之神人；不离于真，谓之至人。以天为宗，以德为本，以道为门，兆于变化，谓之圣人。凡兹四名，同出一体。唯其绝圣而守真，则入乎神、天之本宗，出真而兆圣，则应夫帝王之兴起。

道之大全，本无不备。三代之末，隐于小成。天下失其性命之情，而搢绅先生之所传者，独得其迹，遂以为圣人之所以为圣者，为止于此。于是老聃氏绝学反朴，而示之以其真，使知所谓圣者有不在是矣。于是庄周氏又示之以神与天焉，故其序聃则曰："古之博大真人哉！"不离于真，则所谓至人之事也。而自序则曰："寂寞无形，变化无常。"其于本也，深闳而肆，其于宗也，调适而上遂，则所谓神人、天人之事也。所以然者，民之迷也，为日滋久，不推而极之，则无以反其性情而复其初，而导之无渐，又将骇而不信，故聃发其绪，而周则成之，非有不同也。

夫唯用之学，既反乎本宗而入乎神、天，则其道变化而不测。故方其涤除而未尝有物也，虽圣、知、仁、义，犹皆绝之，而况其粗乎！方其建立而未尝无物也，虽事、法、形、名，犹皆存之，而况其精乎！此无它，凡以穷神知化，则其言不得不若此也。而学者不知其指之所在，见其掊击圣人，则以为真非之也，见其殚残其法，则以为真毁之也。故荀卿氏则曰："庄子蔽于天，而不知人。"杨雄氏则曰："乖寡圣人，而渐诸篇。"韩愈氏则曰："是亦不思而已矣。"非特然也。司马迁尤尊道家之学者也，至于论周则曰："剽剥儒墨，诋訾孔氏。"而郭象亲为解释，乃以周为未能体之者，则其固陋谀闻与不知周者，固不足道也。

臣去冬陛对，妄及性命之理，而陛下首以庄子为言。时以它议，未遑请所以称道者。窃惟陛下于典学，则穷探经艺之精微；以旁通，则贯穿子史之浩博。固以其所闻，成天下之务矣，则其好周之书，非若世儒之玩其文而已。臣有以知陛下出乎神、天之原，以应帝王之迹，固有天成而心得之者也。然向之所谓巨儒硕学者，既以不知周而非之，如郭氏之学，固不见道，则已不知其宗矣，而又不得其立文之体，往往于其章句训诂，误有解析，使其书之本末不相贯通，此妙道至言所以晦而未明也。臣往者尝以其心之所得，为《道德经》作传，既以上荐矣。

窃以为周与老子，实相始终发明，而其书之纲领，尤见于内篇，臣是以先为解释，以备乙夜之观焉。夫以周之言内圣外王之道，深根固蒂之理，无不备矣。自周之殁，未有能知之者。今陛下独知而好之，所谓万世之后，一遇大圣，而知其解者也。而臣之不肖，虽好其学矣，然以之为人，则其术不足以补世，以之自为，则其经未能以卫生，则病而市药，非所以信之也。然臣闻之也，明堂构于梓匠，而黼扆御之以朝万方，玉辂创于轮舆，而衮冕乘之以祀上帝。今臣虽非践其言者，然以黄帝、唐尧神明，资财[①]体而服之，安知空同之广成、姑射之四子，有不资于此而见之邪！此臣所以不揆僸陋，而欲以萤爝之微，助光日月，而冀其不以人废也。所有撰到《庄子》内篇七卷义，离为七册，谨缮写奉表，投进以闻，尘渎天聪。臣惠卿诚惶诚惧，顿首顿首，谨言。

元丰七年十一月　日

---

① "财"，集校本径改为"材"。

资政殿学士、通议大夫、定州路安抚使、马步军都总管、兼知定州军州事及管内劝农使、上轻车都尉、东平县开国伯、食邑八百户臣吕惠卿上表。

卷
一

逍遥游①第一

北冥②有鱼，其名为鲲。鲲之大，不知其几千里也。化而为鸟，其名为鹏③。鹏之背，不知其几千里也；怒④而飞，其翼若垂天之云。是鸟也，海运则将徙于南冥。南冥者，天池也。

《齐谐》者，志怪者也。《谐》之言曰：

---

① "逍遥游"，《经典释文》："逍，音销，亦作'消'。遥，如字，亦作'摇'。……'逍遥游'者，篇名，义取闲放不拘，怡适自得。"《淮南子》之《俶真训》《精神训》，"逍遥"皆作"消摇"。

② "冥"，《经典释文》："冥，本亦作'溟'。……北海也。嵇康云：'取其溟漠无涯也。'梁简文帝云：'窅冥无极，故谓之冥。'"

③ "鹏"，《经典释文》："鹏，即古'凤'字，非来仪之凤也。《说文》云：'朋及鹏，皆古文凤字也。'朋鸟象形。凤飞，群鸟从以万数，故以鹏为朋党字。《字林》云：'鹏，朋党也，古以为凤字。'"

④ "怒"，通"努"。《说文解字》段玉裁注："古无'努'字，只用'怒'。"

"鹏之徙于南冥也，水击①三千里，抟②扶摇而上者九万里，去以六月息③者也。"野马也，尘埃也，生物之以息相吹④也。天之苍苍，其正色邪？其远而无所至极邪？其视下也，亦若是则已矣。

且夫水之积也不厚，则其负大舟也无力。覆杯水于坳堂⑤之上，则芥为之舟，置杯焉则胶，水浅而舟大也。风之积也不厚，则其负大翼也无力。故九万里则风斯在下矣，而后乃今培⑥风；背⑦负青天而莫之夭阏者，而后乃今将图南。

---

① "击"，或作"激"。《太平御览》卷九二七引作"激"。李白《大鹏赋》："激三千以崛起。"

② "抟"，《经典释文》："一音博。"章太炎《庄子解故》："字当从'搏'。……《考工记》注：'搏之言拍也。'作'抟'者形误，风不可抟。"

③ "息"，或作"一息"。《太平御览》卷九四四引作"一息"。李白《大鹏赋》："然后六月一息。"

④ "吹"，或作"炊"。《经典释文》："吹，如字，崔本作'炊'。"郭庆藩《庄子集释》："吹、炊，二字古通用。《集韵》：'炊，累动而升也。'"

⑤ "堂"，或作"塘"。《一切经音义》卷四九引作"塘"。

⑥ "培"，或作"陪"。《经典释文》："本或作'陪'。"

⑦ "背"，《经典释文》："一读以'背'字属上句。"

蜩与鹦①鸠笑之曰："我决起而飞，抢②榆枋，时则不至，而控于地而已矣，奚以之九万里而南③为？"适莽苍者，三餐而反，腹犹果然；适百里者，宿舂④粮；适千里者，三月聚粮。之二虫又何知！

小知⑤不及大知，小年不及大年。奚以知其然也？朝菌⑥不知晦朔，蟪蛄⑦不知春秋，此小

① "鹦"，世德堂本、通行本（主要指郭庆藩《庄子集释》、陈鼓应《庄子今注今译》）作"学"，《经典释文》亦引作"学"，注云："本又作'鹦'，音同；本或作'鸒'，音预。……司马云：'学鸠，小鸠也。'"

② "抢"，道藏本、覆宋本、世德堂本皆作"枪"。

③ "南"，或作"图南"。《文选·杂体诗三十首》李善注、《太平御览》卷九四四均引作"图南"。

④ "舂"，原卷作"春"，据覆宋本、世德堂本、褚伯秀本、林希逸本校改。

⑤ "知"，或作"智"。《经典释文》："知，音智。本亦作'智'。下'大知'并注同。"

⑥ "朝菌"，或作"朝秀"。郭庆藩《庄子集释》引王引之："案，《淮南子·道应篇》引此，'朝菌'作'朝秀'（今本《淮南》作"朝菌"，乃后人据《庄子》改之……），高注曰：'朝秀，朝生暮死之虫也。生水上，状似蚕蛾，一名孳母。'……朝菌、朝秀，语之转耳。"王叔岷说："《庄子》此文，盖汉时旧本作'朝秀'，至晋时始转为'朝菌'。"

⑦ "蟪蛄"，旧或作"惠蛄"。蟪，《经典释文》引作"惠"，注云："惠，本亦作'蟪'。……司马云：'惠蛄，寒蝉也，一名蜓蚞。春生夏死，夏生秋死。'崔云：'蚵蟟也，或曰山蝉。秋鸣者不及春，春鸣者不及秋。'……案，即《楚辞》所云寒螀者也。"

年也。楚之南有冥灵者，以五百岁为春，五百岁为秋；上古有大椿者，以八千岁为春，八千岁为秋。而彭祖乃今以久特闻[①]，众人匹之，不亦悲乎！

汤之问棘也是已：

〔汤问棘曰："上下四方有极乎？"棘曰："无极之外，复无极也。"〕[②]穷发之北有冥海者，天池也。有鱼焉，其广数千里，未有知其修者，其名为鲲。有鸟焉，其名为鹏，背若太山，翼若垂天之云，抟扶摇羊角而上者九万里，绝云气，负青天，然后图南，且适南冥也[③]。斥鴳[④]笑之曰：'彼且奚适也？我腾跃而上，不过数仞而下，翱翔蓬蒿[⑤]之间，此亦飞之至也，而彼且奚

---

① "特闻"，《经典释文》："特闻，如字，崔本作'待问'。"

② 此两句话，原卷缺，兹依闻一多《庄子内篇校释》校辑，其据唐代神清《北山录》补。

③ "且适南冥也"，陈鼓应说："五字当系后人据成疏'图度南海'（注"图南"）误入正文，当删。"

④ "斥"，或作"尺"。"鴳"，或作"鷃"。《经典释文》："斥……本亦作'尺'。崔本同。""鴳……亦作'鷃'。""斥鴳"，《文选·杂体诗三十首》李善注、《一切经音义》卷九七引作"尺鷃"。

⑤ "蓬蒿"，《一切经音义》卷九七引作"蒿莱"。

适也？’”此小大之辩也。

故夫知效一官，行比一乡，德合一君，而征一国者，其自视也亦若此矣。而宋荣子犹然笑之。且举世而誉之而不加劝，举世而非之而不加沮，定乎内外之分，辩乎荣辱之境。斯已矣[1]，彼其于世，未数数然也。虽然，犹有未树也。夫列子御风而行，泠然[2]善也，旬有五日而后反。彼于致福者，未数数然也。此虽免乎行，犹有所待者也。

若夫乘天地之正，而御六气之辩，以游无穷者，彼且恶乎待哉！故曰：至人无己，神人无功，圣人无名。

尧让天下于许由曰："日月出矣，而爝[3]火

---

[1] "斯已矣"，通行标点将其上属，缀于"定乎内外之分，辩乎荣辱之境"之末。究其意，实为否定，当下属，其与下句"彼其于世，未数数然也"义更近。其在此的语义功能与下句"虽然"近同。

[2] "泠然"，《初学记》卷一引司马彪注作"泠泠然"："泠泠然，凉貌也。"

[3] "爝"，一作"燋"。《经典释文》："爝，本亦作'燋'，音爵，郭祖缴反。司马云：'然也。'向云：'人所然火也。'……《字林》云：'爝，炬火也，子召反。'燋，所以然持火者。"

不息，其于光也，不亦难乎！时雨降矣，而犹浸灌，其于泽也，不亦劳乎！夫子立，而天下治，而我犹尸之，吾自视缺然①，请致天下。”

许由曰："子治天下，天下即已治也。而我犹代子，吾将为名乎？名者，实之宾也，吾将为宾乎②？鹪鹩巢于深林，不过一枝；偃③鼠饮河，不过满腹。归休乎君，予无所用天下为！庖人虽不治庖，尸祝不越樽俎而代之矣。"

肩吾问于连叔曰："吾闻言于接舆，大而无当，往而不反④。吾惊怖其言，犹河汉而无极也。大有迳庭⑤，不近人情焉。"连叔曰："其言谓何哉？"曰："藐姑射之山，有神人居焉，

---

① "自视缺然"，《淮南子·缪称训》作"自视犹觖如也。"

② "吾将为宾乎"，俞樾《诸子平议·庄子》："本作'吾将为实乎'，与上'吾将为名乎'相对成文。'吾将为名乎？名者，实之宾也'，其意已足。'吾将为实乎'，当连下文读之。……'实'与'宾'形似，又涉上句'实之宾也'而误。"王叔岷说："案，'吾将为宾乎'，所以增强'吾将为名乎'之意，文不嫌复，'宾'不必为'实'之误。"

③ "偃"，《初学记》卷二九引作"鼹"。

④ "反"，褚伯秀本、通行本作"返"。

⑤ "迳庭"，或作"茎庭""径廷"。《经典释文》："迳，徐古定反，司马本作'茎'。……李云：'迳庭，谓激过也。'"《文选·辨命论》李善注引作"径廷"。

肌肤若冰雪，淖约①若处子。不食五谷，吸风饮露。乘云气，御飞龙，而游乎四海之外。其神凝，使物不疵疠②而年谷熟。吾以是狂而不信也。"

连叔曰："然。瞽者无以与乎文章之观，聋者无以与乎钟鼓之声③。岂唯形骸有聋盲哉？夫知亦有之。是其言也，犹时女也。之人也，之德也，将旁礴万物以为一，世蕲乎乱，孰弊弊焉以天下为事！之人也，物莫之伤，大浸稽天而不溺，大旱金石流，土山焦而不热，是其尘垢粃糠④，将犹陶铸尧、舜者也，孰肯以物为事？"

---

① "淖约"，《经典释文》："李云：'淖约，柔弱貌。'司马云：'好貌。'"道藏本、覆宋本、褚伯秀本、林希逸本均作"绰约"。

② "疵疠"，《经典释文》："疵，在斯反，病也。司马云：'毁也。'""疠……恶病也。本或作'厉'。"

③ 《经典释文》："聋者无以与乎钟鼓之声，崔、向、司马本此下更有'眇者无以与乎眉目之好，夫刖者不自为假文屦'。"王叔岷说："此二句与下文仅承以'聋、盲'不符，郭本删之，是也。"

④ "粃糠"，《经典释文》："粃，本又作'秕'。""穅，字亦作'康'，音康。粃穅，犹烦碎。"

宋人资章甫而适诸越，越人断①发文身，无所用之。尧治天下之民，平海内之政，往见四子藐姑射之山，汾水之阳，窅然丧其天下焉。

惠子谓庄子曰："魏王贻我大瓠之种，我树之成而实五石，以盛水浆，其坚不能自举也。剖之以为瓢，则瓠落无所容。非不呺然②大也，吾为其无用而掊之。"

庄子曰："夫子固拙于用大矣。宋人有善为不龟手之药者，世世以洴澼绒③为事。客闻之，请买其方百金。聚族而谋曰：'我世世为洴澼绒，不过数金。今一朝而鬻技百金，请与之。'客得之，以说吴王。越有难，吴王使之将，冬与越人水战，大败越人，裂地而封之。能不龟手，一也。或以封，或不免于洴澼绒，则所用之异也。今子有五石之瓠，何不虑以为大樽而浮乎江湖，

①　"断"，旧作"敦"。《经典释文》："司马本作'敦'，云：'敦，断也。'"

②　"呺然"，《经典释文》："本亦作'号'。……李云：'号然，虚大貌。'"

③　"洴澼绒"，《经典释文》：《小尔雅》云：'絮细者谓之绒。'李云：'洴澼绒者，漂絮于水上。绒，絮也。'"

而忧其瓠落无所容？则夫子犹有蓬之心也夫！"

惠子谓庄子曰："吾有大树，人谓之樗。其大本拥肿，而不中绳墨，其小枝卷①曲，而不中规矩，立之涂，匠者不顾。今子之言，大而无用，众所同去也。"

庄子曰："子独不见狸狌乎？卑身而伏，以候敖者；东西跳梁，不避②高下；中于机辟，死于网罟。今夫斄牛，其大若垂天之云。此能为大矣，而不能执鼠。今子有大树，患其无用，何不树之于无何有之乡、广莫之野③，彷徨④乎无为其侧，逍遥乎寝卧其下。不夭斤斧，物无害者，无所可用，安所困苦哉！"

---

① "卷"，《经典释文》："本又作'拳'。"

② "避"，通行本作"辟"。《经典释文》："辟，音避。今本多作'避'。下放此。"

③ "无何有之乡、广莫之野"，《经典释文》："无何有之乡、广莫之野，谓寂绝无为之地也。简文云：'莫，大也。'"

④ "彷徨"，《经典释文》："彷徨，犹翱翔也。崔本作'方羊'，简文同。"

齐物论第二

南郭子綦隐几①而坐，仰天而嘘，嗒②焉似丧其耦③。颜成子游立侍乎前，曰："何居乎？形固可使如槁木，而心固可使如死灰乎？今之隐几者，非昔之隐几者也。"

子綦曰："偃，不亦善乎，而问之也！今者吾丧我，汝知之乎？汝④闻人籁而未闻地籁，汝闻地籁而不闻天籁夫！"

子游曰："敢问其方。"

子綦曰："夫大块噫气，其名为风。是唯

---

① "几"，通行本作"机"，《经典释文》亦引作"机"，注云："李本作'几'。"

② "嗒"，通行本作"荅"。《经典释文》："荅，本又作'嗒'。"

③ "耦"，《经典释文》："本又作'偶'。"

④ "汝"，或作"女"。《经典释文》引作"女"，注云："本亦作'汝'。"

无作，作则万窍怒呺。而独不闻之翏翏乎？山林之畏佳，大木百围之窍①穴，似鼻，似口，似耳，似枅，似圈，似臼，似洼者，似污者；激者，謞②者，叱者，吸者，叫者，譹者，宎者，咬者，前者唱于，而随者唱喁。泠风则小和，飘风则大和。厉风济，则众窍为虚。而独不见之调调、之刁刁乎？"

子游曰："地籁则众窍是已，人籁则比竹是已。敢问天籁。"

子綦曰："夫吹万不同，而使其自己也，咸其自取，怒者其谁邪？"

大知闲闲，小知间间；大言炎炎，小言詹詹③。其寐也魂交，其觉也形开。与接为构，日以心斗。缦者、窖者、密者，小恐惴惴，大恐缦缦。其发若机栝，其司是非之谓也；其留如诅盟，其守胜之谓也；其杀如④秋冬，以言其日消也；其溺之所为之，不可使复之也；其厌也如

① "窍"，《经典释文》："崔本作'窾'。"
② "謞"，道藏本、覆宋本、世德堂本、林希逸本、通行本均作"謞"。
③ "詹"，《经典释文》："崔本作'阎'。"
④ "如"，覆宋本、通行本作"若"。

缄，以言其老溢①也；近死之心，莫使复阳也。喜怒哀乐，虑叹变慹，姚佚启态；乐出虚，蒸成菌。日夜相代乎前，而莫知其所萌。已乎！已乎！旦暮②得此，其所由以生乎？

非彼无我，非我无所取。是亦近矣，而不知其所为使。若有真宰，而特不得其眹③。可行己信，而不见其形，有情而无形。百骸、九窍、六藏，赅而存焉，吾谁与为亲？汝皆悦④之乎？其有私焉？如是皆有为臣妾乎？其臣妾不足以相治乎？其递相为君臣乎？其有真君存焉？如求得其情与不得，无益损乎其真。

一受其成形，不亡以待尽。与物相刃相靡，

---

① "溢"，道藏本、覆宋本、世德堂本、褚伯秀本、林希逸本、通行本均作"泹"。《经典释文》引作"泹"，注云："本亦作'溢'。"

② "暮"，《经典释文》："本又作'莫'，音同。"

③ "眹"，原卷作"朕"，据道藏本、覆宋本、世德堂本校改。

④ "悦"，世德堂本、通行本作"说"，《经典释文》亦引作"说"，注云："说，音悦，注同。今本多即作'悦'字。后皆放此。"

其行尽①如驰，而莫之能止，不亦悲乎！终身役役而不见其成功，薾②然疲役而不知其所归，可不哀邪！人谓之不死，奚益！其形化，其心与之然，可不谓大哀乎？

人之生也，固若是芒乎？其我独芒，而人亦有不芒者乎？夫随其成心而师之，谁独且无师乎？奚必知代而心自取者有之？愚者与有焉。未成乎心而有是非，是今日适越而昔至也。是以无有为有。无有为有，虽有神禹，且不能知，吾独且奈何哉！

夫言非吹也，言者有言，其所言者特未定也。果有言邪？其未尝有言邪？其以为异于鷇音，亦有辩乎？其无辩乎？

① "尽"，或改作"进"。《列子·天瑞》："终进乎不知也。"张湛注："'进'当为'尽'。"陈鼓应《庄子今注今译》引严灵峰说："《列子》既有'进''尽'通用之例，则此'尽'字义当作'进'。"马叙伦《庄子义证》："'尽'字涉上文而美。"

② "薾"，林希逸本作"茶"。

道恶乎隐而有真伪[1]？言恶乎隐而有是非？道恶乎往而不存？言恶乎存而不可？道隐于小成，言隐于荣华。故有儒墨之是非，以是其所非而非其所是。欲是其所非而非其所是，则莫若以明。

物无非彼，物无非是。自彼则不见，自知则知之。故曰：彼出于是，是亦因彼。彼是，方生之说也。虽然，方生方死，方死方生，方可方不可，方不可方可；因是因非，因非因是。是以圣人不由，而照之于天，亦因是也。

是亦彼也，彼亦是也。彼亦一是非，此亦一是非。果且有彼是乎哉？果且无彼是乎哉？彼是莫得其偶，谓之道枢。枢始得其环中，以应无穷。是亦一无穷，非亦一无穷也。故曰：莫若以明。

以指喻指之非指，不若以非指喻指之非指也；以马喻马之非马，不若以非马喻马之非马也。天地，一指也；万物，一马也。

---

① "真伪"，《经典释文》："一本作'真诡'。崔本作'真然'。"

可乎可，不可乎不可。道行之而成，物谓之而然。恶乎然？然于然。恶乎不然？不然于不然。物固有所然，物固有所可。无物不然，无物不可。[1]故为是举莛与楹，厉与西施，恢诡谲怪，道通为一。其分也，成也；其成也，毁也。凡物无成于毁，复通为一。唯达者知通为一，为是不用而寓诸庸。庸也者，用也；用也者，通也；通也者，得也。适得而几矣。因是已。已而不知其然，谓之道。

劳神明为一而不知其同也，谓之"朝三"。何谓"朝三"？狙公赋芧，曰："朝三而暮四。"众狙皆怒。曰："然则朝四而暮三。"众狙皆悦。名实未亏而喜怒为用，亦因是也。是以圣人和之以是非而休乎天均，是之谓两行。

古之人，其知有所至矣。恶乎至？有以为

---

[1] 王先谦《庄子集解》："'恶乎然'以下，又见《寓言》篇。此是非可否并举，以《寓言》篇证之，'不然于不然'下，似应更有'恶乎可？可于可。恶乎不可？不可于不可'四句，而今本夺之。"《经典释文》："崔本此下更有'可于可，而不可于不可；不可于不可，而可于可'。"

未始有物者，至矣，尽矣，不可以有^①加矣。其次，以为有物矣，而未始有封也。其次，以为有封焉，而未始有是非也。是非之彰也，道之所以亏也。道之所以亏，爱之所以成。果且有成与亏乎哉？果且无成与亏乎哉？有成与亏，故昭氏之鼓琴也；无成与亏，故昭氏之不鼓琴也。昭文之鼓琴也，师旷之枝策也，惠子之据梧也，三子之知，几乎皆其盛者也，故载之末年。唯其好之也，以异于彼；其好之也，欲以明之。彼非所明而明之，故以坚白之昧终。而其子又以文之纶终，终身无成。若是而可谓成乎？虽我亦成也。^②若是而不可谓成乎？物与我无成也。是故滑疑之耀，圣人之所图也。为是不用而寓诸庸，此之谓以明。

今且有言于此，不知其与是类乎？其与是不类乎？类与不类，相与为类，则与彼无以异矣。虽然，请尝言之：有始也者，有未始有始也

---

① "有"，道藏本、覆宋本、世德堂本、林希逸本、通行本均无"有"字。

② "虽我亦成也"，郭象注："则虽我之不成，亦可谓成也。"王叔岷《庄子校诠》："陈碧虚《阙误》引江南古藏本作'虽我无成，亦可谓成矣'。"

者，有未始有夫未始有始也者；有有也者，有无也者，有未始有无也者，有未始有夫未始有无也者。俄而有无矣，而未知有无之果孰有孰无也。今我则已有谓矣，而未知吾所谓之其果有谓乎？其果无谓乎？

天下莫大于秋豪①之末，而太②山为小；莫寿乎殇子，而彭祖为夭。天地与我并生，而万物与我为一。既已为一矣，且得有言乎？既已谓之一矣，且得无言乎？一与言为二，二与一为三。自此以往，巧历不能得，而况其凡乎！故自无适有以至于三，而况自有适有乎！无适焉，因是已。

夫道未始有封，言未始有常，为是而有畛也。请言其畛：有左有右，有伦有义③，有分有辩，有竞有争，此之谓八德。六合之外，圣人存而不论；六合之内，圣人论而不议。《春秋》经世，先王之志，圣人议而不辩。故分也者，有不

---

① "豪"，褚伯秀本、林希逸本作"毫"。《经典释文》引作"豪"，但其注云："依字应作'毫'。司马云：'兔毫在秋而成。'"
② "太"，世德堂本、通行本作"大"。
③ "有伦有义"，《经典释文》："崔本作'有论有议'。"

分也；辩也者，有不辩也。曰：何也？圣人怀之，众人辩之以相示也。故曰：辩也者，有不见也。

夫大道不称，大辩不言，大仁不仁，大廉不嗛，大勇不忮。道昭而不道，言辩而不及，仁常而不成，廉清而不信，勇忮而不成。五者园而几向方矣，[①]故知止其所不知，至矣。孰知不言之辩，不道之道？若有能知，此之谓天府。注焉而不满，酌焉而不竭，而不知其所由来，此之谓葆光。

故昔者尧问于舜曰："我欲伐宗、脍、胥敖，南面而不释然。其故何也？"舜曰："夫三子者，犹存乎蓬艾之间。若不释然，何哉？昔者十日并出，万物皆照，而况德之进乎日者乎！"

啮缺问乎王倪曰："子知物之所同是乎？"

---

① "五者园而几向方矣"，奚侗《庄子补注》："《淮南·诠言训》载此文作'五者无弃而几向方矣'。……《尔雅·释诂》：'弃，忘也。'意谓能无忘此五者，其庶几乎向于道矣。疑古本《庄子》'無'作'无'，'弃'字破烂不可辨，钞者乃作□以识之。后人不察，误'无'为'元'，又与□相合为'园'。解者遂以为'圆'之俗字，而误'方'为'圆'之对文，而书旨大晦。是当据《淮南》订正之。"

曰：“吾恶乎知之！”

“子知子之所不知邪？”

曰：“吾恶乎知之！”

“然则物无知邪？”

曰：“吾恶乎知之！虽然，尝试言之。庸讵知吾所谓知之非不知邪？庸讵知吾所谓不知之非知邪？且吾尝试问乎汝：民湿寝则腰疾偏死，鳅然乎哉？木处则惴栗恂惧，猿猴然乎哉？三者孰知正处？民食刍豢，麋鹿食荐，蝍蛆①甘带，鸱鸦嗜②鼠，四者孰知正味？猿猵狙以为雌，麋与鹿交，鳅与鱼游。毛嫱、丽姬，人之所美也，鱼见之深入，鸟见之高飞，麋鹿见之决骤，四者孰知天下之正色哉？自我观之，仁义之端，是非之涂，樊然淆乱，吾恶能知其辩！”

啮缺曰：“子不知利害，则至人固不知利害乎？”

王倪曰：“至人神矣！大泽焚而不能热，

———

① “蛆”，《经典释文》引作“且”，注云：“且，字或作‘蛆’。”

② “嗜”，覆宋本、世德堂本、林希逸本作“耆”，《经典释文》亦引作“耆”，注云：“字或作‘嗜’。崔本作‘甘’。”

河汉沍而不能寒，疾雷破山〔而不能伤〕，〔飘〕①风振海而不能惊。若然者，乘云气，骑日月，而游乎四海之外，死生无变于己，而况利害之端乎？"

瞿鹊子问乎长梧子曰："吾闻诸夫子：圣人不从事于务，不就利，不违害，不喜求，不缘道；无谓有谓，有谓无谓，而游乎尘垢之外。夫子以为孟浪之言，而我以为妙道之行也。吾子以为奚若？"

长梧子曰："是黄帝之所听莹②也，而丘也何足以知之！且汝亦大早计，见卵而③求时夜，见弹而求鸮炙。予尝为汝妄言之，汝以妄听之。

---

① 原卷无"而不能伤飘"五字，兹据《淮南子·精神训》及成玄英疏、王叔岷说校补。陈鼓应《庄子今注今译》引王叔岷说："《淮南子·精神训》：'大泽焚而不能热，河汉涸而不能寒也，大雷毁山而不能惊也，大风晦日而不能伤也。'即袭用此文，上下二句，文各成对，则此文'疾雷破山'下尚有挽文，疑原作'疾雷破山而不能伤，飘风振海而不能惊'，今本挽'而不能伤飘'五字，下二句遂不成对矣。"

② "莹"，世德堂本、通行本作"荧"，《经典释文》亦引作"荧"，注云："本亦作'莹'。……司马云：'听荧，疑惑也。'"

③ "卵而"，原卷作"而卵"，据文意及道藏本、覆宋本、世德堂本校改。

奚^①旁日月，挟宇宙，为其吻合，置其滑湣^②，以隶相尊。众人役役，圣人愚芚，参万岁而一成纯。万物尽然，而以是相蕴。

"予恶乎知悦^③生之非惑邪！予恶乎知恶死之非弱丧而不知归者邪！丽之姬，艾封人之子也。晋国之始得之也，涕泣沾襟；及其至于王所，与王同匡^④床，食刍豢，而后悔其泣也。予恶乎知夫死者不悔其始之蕲生乎！

"梦饮酒者，旦而哭泣；梦哭泣者，旦而田猎。方其梦也，不知其梦也。梦之中又占其梦焉，觉而后知其梦也。且有大觉而后知此其大梦也，而愚者自以为觉，窃窃然知之。君乎，牧乎^⑤，固哉！丘也与汝，皆梦也；予谓汝梦，亦

---

① "奚"，标点句读或上属。
② "滑"，或作"汩"。《经典释文》："向本作'汩'，音同。""湣"，或作"昏""缗"。《经典释文》："湣，徐音昏，向云：'汩昏，未定之谓。'崔本作'缗'，武巾反，云：'绳也。'"
③ "悦"，世德堂本、通行本作"说"。
④ "匡"，世德堂本、通行本作"筐"，《经典释文》亦引作"筐"，注云："筐，本亦作'匡'。"
⑤ "牧乎"，《经典释文》："崔本作'跂乎'，云：'踑跂，强羊貌。'"

梦也。是其言也，其名为吊诡。万世之后而一遇大圣，知其解者，是旦暮遇之也。

"既使我与若辩矣，若胜我，我不若胜，若果是也，我果非也邪？我胜若，若不吾胜，我果是也，而果非也邪？其或是也，其或非也邪？其俱是也，其俱非也邪？我与若不能相知也，则人固受其黮暗。吾谁使正之？使同乎若者正之，既与若同矣，恶能正之？使同乎我者正之，既同乎我矣，恶能正①之？使异乎我与若者正之，既异乎我与若矣，恶能正之？使同乎我与若者正之，既同乎我与若矣，恶能正之？然则我与若与人俱不能相知也，而待彼也邪？"

"何谓和之以天倪？"

曰："是不是，然不然。是若果是也，则是之异乎不是也，亦无辩；然若果然也，则然之异乎不然也，亦无辩。化声之相待，若不相待，和之以天倪，因之以曼衍，所以穷年也。忘年忘义，振于无竟②，故寓诸无竟。"

① "正"，原卷作"止"，据文意及黑水城本校改。
② "竟"，《经典释文》："崔作'境'。"

　　罔两①问景②曰："曩子行，今子止；曩子坐，今子起。何其无特③操与？"景曰："吾有待而然者邪？吾所待又有待而然者邪？吾待蛇蚹蜩翼邪？恶识所以然！恶识所以不然！"

　　昔者庄周梦为胡蝶，栩栩④然胡蝶也，自喻适志与！不知周也。俄然觉，则蘧蘧⑤然周也。不知周之梦为胡蝶与，胡蝶之梦为周与？周与胡蝶，则必有分矣。此之谓物化。

---

　　① "罔两"，《经典释文》："崔本作'罔浪'，云：'有无之状。'"

　　② "景"，《经典释文》："本或作'影'，俗也。"

　　③ "特"，《经典释文》："本或作'持'。崔云：'特，辞也。'向云：'无持者，行止无常也。'"

　　④ "栩栩"，《经典释文》："喜貌。崔本作'翩'。"

　　⑤ "蘧蘧"，《经典释文》："李云：'有形貌。'崔作'据据'，引《大宗师》云：'据然觉。'"

卷二

养生主第三

吾生也有涯①，而知也无涯。以有涯随无涯，殆已；已而为知者，殆而已矣。为善无近名，为恶无近刑。缘督以为经，可以保身，可以全生，可以养亲，可以尽年。

庖②丁为文惠君解牛，手之所触，肩之所倚，足之所履，膝之所踦，砉然向然③，奏刀騞然，莫不中音。合于《桑林》之舞，乃中《经首》之会。文惠君曰："嘻，善哉！技盖至此乎？"

庖丁释刀对曰："臣之所好者道也，进乎技矣。始臣之解牛之时，所见无非牛者。三年之后，未尝见全牛也。方今之时，臣以神遇而不以

---

① "涯"，《经典释文》："涯，本又作'崖'。"
② "庖"，《经典释文》："庖，崔本作'胞'，同。"
③ "向然"，《经典释文》："本或无'然'字。"

目视，官知止而神欲行。依乎天理，批大郤，导大窾，因其固然。技经肯綮①之未尝，而况大軱乎！良庖岁更刀，割也；族庖月更刀，折也。今臣之刀十九年矣，所解数千牛矣，而刀刃若新发于硎②。彼节者有间，而刀刃者无厚，以无厚入有间，恢恢乎其于游刃必有余地矣，是以十九年而刀刃若新发于硎。虽然，每至于族，吾见其难为，怵然为戒，视为止，行为迟。动刀甚微，謋然已解，如土委地。提刀而立，为之四顾，为之踌躇满志，善刀而藏之。"

文惠君曰："善哉！吾闻庖丁之言，得养生焉。"

公文轩见右师而惊曰："是何人也？恶乎介③也？天与，其人与？"

曰："天也，非人也。天之生是使独也，人

---

① "肯綮"，俞樾《诸子平议·庄子》："肯、綮，并就牛身言；技、经，亦当同之。'技'，疑'枝'字之误。"

② "硎"，《经典释文》："硎，音刑，磨石也。崔本作'形'，云：'新所受形也。'"

③ "介"，《经典释文》："介，音戒，一音兀。司马云：'刖也。'向、郭云：'偏刖也。'崔本作'兀'，又作'跀'，云：'断足也。'"

之貌有与也。以是知其天也，非人也。泽雉十步一啄，百步一饮，不蕲畜乎樊中，神虽王，不善也。"

老聃死，秦失①吊之，三号而出。弟子曰："非夫子之友邪？"

曰："然。"

"然则吊焉若此，可乎？"

曰："然。始也吾以为其人也，而今非也。向吾入而吊焉，有老者哭之，如哭其子；少者哭之，如哭其母。彼其所以会之，必有不蕲言而言，不蕲哭而哭者。是遁天倍②情，忘其所受，古者谓之遁天之刑。适来，夫子时也；适去，夫子顺也。安时而处顺，哀乐不能入也，古者谓是帝之县解。"

指穷于为薪，火传也，不知其尽也。

---

① "失"，《经典释文》："失，本又作'佚'，各依字读，亦皆音'逸'。"
② "倍"，或作"背"。《经典释文》："倍……本又作'背'。"

人间世第四

颜回见仲尼，请行。曰："奚之？"

曰："将之卫。"

曰："奚为焉？"

曰："回闻卫君，其年壮，其行独。轻用其国，而不见其过。轻用民死，死者以国量乎泽，若蕉，民其无如矣！回尝闻之夫子曰：'治国去之，乱国就之。医门多疾。'愿以所闻思其则，庶几其国有瘳乎！"

仲尼曰："嘻。若殆往而刑耳！夫道不欲杂，杂则多，多则扰，扰则忧，忧而不救。古之至人，先存诸己，而后存诸人。所存于己者未定，何暇至于暴人之所行！

"且若亦知夫德之所荡，而知之所为出乎

哉？德荡乎名，知出乎争。名也者，相轧①也；知也者，争之器也。二者凶器，非所以尽行也。且德厚信矼，未达人气，名闻不争，未达人心。而强以仁义绳墨之言术②暴人之前者，是以人恶有③其美也，命之曰菑人。菑人者，人必反菑之，若殆为人菑夫！

"且苟为悦贤而恶不肖，恶用而求有以异？若唯无诏，王公必将乘人而斗其捷。而目将荧④之，而色将平之，口将营之，容将形之，心且成之。是以火救火，以水救水，名之曰益多。顺始无穷，若殆以不信厚言，必死于暴人之前矣！

"且昔者桀杀关龙逢，纣杀王子比干，是

---

① "轧"，或作"札"，《经典释文》引作"札"，注云："李云：'折也。'崔云：'夭也。亦作轧。'崔又云：'或作礼，相宾礼也。'"

② "术"，或认为是"衔"字之讹。刘文典《庄子补正》："'术暴人之前者'，义不可通。'术'，碧虚子校引江南古藏本作'衔'，义较长。今本'术'字疑是形近而误。"

③ "有"，陈鼓应《庄子今注今译》根据崔譔本校改作"育"。俞樾《诸子平议·庄子》："'有'者，'育'字之误。"

④ "荧"，《经典释文》："向、崔本作'营'，音荧。"

皆修其身以下伛拊人之民，以下拂其上者也，故其君因其修以挤之。是好名者也。昔者尧攻丛、枝、胥敖，禹攻有扈，国为虚厉，身为刑戮。其用兵不止，其求实无已。是皆求名实者也。而独不闻之乎？名实者，圣人之所不能胜也，而况若乎！虽然，若必有以也，尝以语我来！"

颜回曰："端而虚，勉而一，则可乎？"

曰："恶！恶可！夫以阳为充孔扬，采色不定，常人之所不违，因案人之所感，以求容与其心。名之曰日渐之德不成，而况大德乎！将执而不化，外合而内不訾，其庸讵可乎！"

"然则我内直而外曲，成而上比。内直者，与天为徒。与天为徒者，知天子之与己，皆天之所子，而独以己言蕲乎而人善之，蕲乎而人不善之邪？若然者，人谓之童子，是之谓与天为徒。外曲者，与人为徒也。擎跽曲拳，人臣之礼也。人皆为之，吾敢不为邪！为人之所为者，人亦无疵焉，是之谓与人为徒。成而上比者，与古为徒。其言虽教，谪之实也。古之有也，非吾有也。若然者，虽直不为病，是之谓与古为徒。若是则可乎？"

仲尼曰："恶！恶可！太[1]多政法而不谍，虽固亦无罪。虽然，止是耳矣，夫胡可以及化！犹师心者也。"

颜回曰："吾无以进矣，敢问其方。"

仲尼曰："斋，吾将语若。有而为之，其易邪？易之者，暤天不宜。"

颜回曰："回之家贫，唯不饮酒、不茹荤者数月矣。若此，则可以为斋乎？"

曰："是祭祀之斋，非心斋也。"

回曰："敢问心斋。"

仲尼曰："若一志，无听之以耳，而听之以心，无听之以心，而听之以气。听止于耳，心止于符。气也者，虚而待物者也。唯道集虚。虚者，心斋也。"

颜回曰："回之未始得使，实自[2]回也；得使之也，未始有回也，可谓虚乎？"

---

① "太"，道藏本、覆宋本、世德堂本、通行本均作"大"，《经典释文》亦引作"大"，注云："大，音泰。……崔本作'太'。"

② "自"，或作"有"。奚侗《庄子补注》："'自'系'有'字之误，形相近也。下文'得使之也，未始有回也'，正与此文反应。"

夫子曰："尽矣！吾语若！若能入游其樊而无感其名，入则鸣，不入则止。无门无毒，一宅而寓于不得已，则几矣。

"绝迹易，①无行地难。为人使易以伪，为天使难以伪。闻以有翼飞者矣，未闻以无翼飞者也；闻以有知知者矣，未闻以无知知者也。瞻彼阅②者，虚室生白，吉祥止止。夫且不止，是之谓坐驰。夫徇耳目内通而外于心知，鬼神将来舍，而况人乎！是万物之化也，禹、舜之所纽也，伏羲、几蘧之所行终，而况散焉者乎！"

叶公子高将使于齐，问于仲尼曰："王使诸梁也甚重，齐之待使者，盖将甚敬而不急。匹夫犹未可动也，而况诸侯乎！吾甚栗之。子尝语诸梁也曰：'凡事若小若大，寡不道以欢成。事若不成，则必有人道之患；事若成，则必有阴阳之患。若成、若不成而后无患者，唯有德者能

---

① "绝迹易"，《经典释文》句读为"绝迹易无"，注云："向、崔皆以'无'字属下句。"
② "阅"，黑水城本、通行本作"阓"。

之。'吾食也执①粗而不藏②，爨③无欲清之人。今吾朝受命而夕饮冰，我其内热与！吾未至乎事之情，而既有阴阳之患矣；事若不成，必有人道之患。是两也，为人臣者不足以任之。子其有以语我来！"

仲尼曰："天下有大戒二：其一，命也；其一，义也。子之爱亲，命也，不可解于心；臣之事君，义也，无适而非君也，无所逃于天地之间。是之谓大戒。是以夫事其亲者，不择地而安之，孝之至也；夫事其君者，不择事而安之，忠之盛也；自事其心者，哀乐不易施乎前，知其不可奈何而安之若命，德之至也。为人臣子者，固有所不得已。行事之情而忘其身，何暇至于悦生而恶死！夫子其行可矣！

"丘请复以所闻：凡交近则必相靡以信，远则必忠之以言，言必或传之。夫传两喜两怒④之

---

① "执"，《经典释文》："简文作'热'。"
② "藏"，道藏本、覆宋本、世德堂本、林希逸本、通行本均作"臧"。
③ 此处还有另一种句读，即将"爨"上属。《经典释文》："而不臧……绝句。一音才郎反，句至'爨'字。"
④ "怒"，《经典释文》："本又作'怨'。下同。"

言，天下之难者也。夫两喜必多溢美之言，两怒必多溢恶之言。凡溢之类妄，妄则其信之也莫，莫则传言者殃。故《法言》曰："传其常情，无传其溢言，则几乎全。"

"且以巧斗力者，始乎阳，常卒乎阴，泰[①]至则多奇巧；以礼饮酒者，始乎治，常卒乎乱，泰至则多奇乐。凡事亦然。始乎谅，常卒乎鄙；其作始也简，其将毕也必巨。

"言者，风波也；行者，实丧也。夫风波易以动，实丧易以危。故忿设无由，巧言偏辞。兽死不择音，气息茀然，于是并生心厉[②]。克核太至，则必有不肖之心应之，而不知其然也。苟为不知其然也，孰知其所终！故《法言》曰：'无迁令，无劝成。过度益也。'迁令、劝成，殆事。美成在久，恶成不及改，可不慎与！

"且夫乘物以游心，托不得已以养中，至矣。何作为报也！莫若为致命。此其难者。"

---

① "泰"，《经典释文》引作"大"，注云："大，音泰，本亦作'泰'。……下同。"

② "心厉"，或倒乙为"厉心"。武延绪《庄子札记》认为，"心厉"二字倒，疑当作"厉心"，即下文不肖之心也。

颜阖将傅卫灵公太子，而问于蘧伯玉曰："有人于此，其德天杀。与之为无方，则危吾国；与之为有方，则危吾身。其知适足以知人之过，而不知其所以过。若然者，吾奈之何？"

蘧伯玉曰："善哉问乎！戒之，慎之，正汝身哉！形莫若就，心莫若和。虽然，之二者有患。就不欲入，和不欲出。形就而入，且为颠为灭，为崩为蹶。心和而出，且为声为名，为妖为孽。彼且为婴儿，亦与之为婴儿；彼且为无町畦，亦与之为无町畦；彼且为无崖，亦与之为无崖。达之，入于无疵。

"汝不知夫螳螂乎？怒其臂，以当车辙，不知其不胜任也，是其才之美者也。戒之，慎之！积伐而美者以犯之，几矣。

"汝不知夫养虎者乎？不敢以生物与之，为其杀之之怒也；不敢以全物与之，为其决之之怒也。时其饥饱，达其怒心。虎之与人异类，而媚养己者，顺也。故其杀者，逆也。

"夫爱马者，以筐盛矢，以蜃盛溺。适有蚊虻仆缘，而拊之不时，则缺衔毁首碎胸。意有所至而爱有所亡，可不慎邪？"

匠石之齐，至于曲辕，见栎社树。其大蔽牛^①，絜之百围，其高临山十仞^②而后有枝^③，其可以为舟者旁十数。观者如市，匠伯^④不顾，遂行不辍。

弟子厌观之，走及匠石，曰："自吾执斧斤以随夫子，未尝见材如此其美也。先生不肯视，行不辍，何邪？"

曰："已矣，勿言之矣！散木也！以为舟则沉，以为棺椁则速腐，以为器则速毁，以为门户则液樠，以为柱则蠹。是不材之木也，无所可用，故能若是之寿。"

匠石归，栎社见梦曰："汝^⑤将恶乎比予哉？若将比予于文木邪？夫柤梨橘柚，果蓏之

① "其大蔽牛"，覆宋本、通行本作"其大蔽数千牛"，多"数千"二字。

② "十仞"，《经典释文》："《小尔雅》云：'四尺曰仞。'案，七尺曰仞。崔本作'千仞'。或云：'八尺曰仞。'"

③ 此句或句读为"其高临山，十仞而后有枝"，或句读为"其高临山十仞，而后有枝"。

④ "伯"，《经典释文》："伯，匠石字也。崔本亦作'石'。"

⑤ "汝"，世德堂本、通行本作"女"。

属，实熟则剥，剥^①则辱；大枝折，小枝泄。此以其能苦其生者也，故不终其天年而中道夭，自掊击于世俗者也。物莫不若是。且予求无所可用久矣，几死，乃今得之，为予大用。使予也而有用，且得有此大也邪？且也若与予也皆物也。奈何哉其相物也？而几死之散人，又恶知散木！"

匠石觉而诊其梦。弟子曰："趣取无用，则为社何邪？"

曰："密！若无言！彼亦直寄焉，以为不知己者诟厉也。不为社者，且几有翦乎！且也彼其所保与众异，而以义誉^②之，不亦远乎！"

南伯子綦游乎商之丘，见大木焉，有异，结驷千乘，隐将芘^③其所籁^④。子綦曰："此何木也哉？必有异材夫！"仰而视其细枝，则拳^⑤曲而不可以为栋梁；俯而视其大根，则轴解而不可以

---

① "剥"，原卷脱，兹据通行本补。
② "誉"，世德堂本作"喻"。
③ "芘"，《经典释文》："芘，本亦作'庇'。……崔本作'比'，云：'芘也。'"
④ "籁"，道藏本、覆宋本、林希逸本、通行本均作"籁"，《经典释文》亦引作"籁"，注云："籁，音赖，崔本作'赖'。"
⑤ "拳"，《经典释文》："拳，本亦作'卷'。"

为棺椁；咶其叶，则口烂而为伤；嗅之，则使人狂酲，三日而不已。

子綦曰："此果不材之木也，以至于此其大也。嗟乎神人，以此不材！"

宋有荆氏者，宜楸柏桑。其拱把而上者，求狙猴之杙①者斩之；三围四围，求高名之丽者斩之；七围八围，贵人富商之家求椫②傍者斩之。故未终其天年，而中道夭于斧斤，此材之患也。故解之以牛之白颡者与豚之亢鼻者，与人有痔病者不可以适河。此皆巫祝以知之矣，所以为不祥也，此乃神人之所以为大祥也。

支离疏者，颐隐于齐，肩高于顶③，会撮指天，五管在上，两髀④为胁，挫针治繲，足以糊口；鼓策播精，足以食十人。上征武士，则支离

---

① "杙"，黑水城本同，通行本作"杙"。
② "椫"，原卷作"禅"，兹据成玄英疏校改。成玄英疏："椫傍，棺材也。亦言：棺之全一边而不两合者谓之椫傍。"
③ "顶"，或作"项"。《经典释文》："顶，如字，本作'项'。……司马云：'言脊曲颈缩也。'"
④ "髀"，《经典释文》："髀，本又作'脾'。同。"

攘臂①于其间；上有大役，则支离以有常疾不受功；上与病者粟，则受三钟与十束薪。夫支离其形者，犹足以养其身，终其天年，又况支离其德者乎！

孔子适楚，楚狂接舆游其门，曰："凤兮凤兮，何如德之衰也！来世不可待，往世不可追也。天下有道，圣人成焉；天下无道，圣人生焉。方今之时，仅免刑焉。福轻乎羽，莫之知载；祸重乎地，莫之知避。已乎已乎，临人以德！殆乎殆乎，画地而趋！迷阳迷阳，无伤吾行！吾行郤曲，无复②吾足！"

山木，自寇也；膏火，自煎也。桂可食，故伐之；漆③可用，故割之。人皆知有用之用，而莫知无用之用也。

---

① "攘臂"，覆宋本、通行本作"攘臂而游"。
② "复"，道藏本、覆宋本、世德堂本、褚伯秀本、林希逸本、通行本均作"伤"。
③ "漆"，原卷漫漶不清，据黑水城本补。

德充符第五

　　鲁有兀者王骀，从之游者，与仲尼相若。常季问于仲尼曰："王骀，兀者也，从之游者，与夫子中分鲁。立不教，坐不议，虚而往，实而归。固有不言之教，无形而心成者邪？是何人也？"

　　仲尼曰："夫子，圣人也，丘也直后而未往耳。丘将以为师，而况不若丘者乎！奚假鲁国！丘将引天下而与从之。"

　　常季曰："彼兀者也，而王先生，其与庸亦远矣。若然者，其用心也独若之何？"

　　仲尼曰："死生亦大矣，而不得与之变，虽天地覆坠，亦将不与之遗。审乎无假而不与物迁，命物之化而守其宗也。"

　　常季曰："何谓也？"

　　仲尼曰："自其异者视之，肝胆楚越也；自

其同者视之，万物皆一也。夫若然者，且不知耳目之所宜，而游心乎德之和；物视其所一，而不见其所丧。视丧其足，犹遗土也。”

常季曰："彼为己，以其知得其心，以其心得其常心，物何为最之哉？"

仲尼曰："人莫鉴于流水，而鉴于止水，唯止能止众止。受命于地，唯松柏独也[1]，在冬夏青青；受命于天，唯舜独也正，〔在万物之首〕[2]。幸能正生，以正众生，夫保始之征，不惧之实。勇士一人，雄入于九军。将求名而能自要者，而犹若是，而况官天地，府万物，直寓六骸，象耳目，一知之所知，而心未尝死者乎！彼且择日而登假，人则从是也。彼且何肯以物为事乎！"

申徒[3]嘉，兀者也，而与郑子产同师于伯昏无人。子产谓申徒嘉曰："我先出则子止，子先

---

[1] 通行本"也"字后或有"正"字，然俞樾《诸子平议·庄子》说："'在'，疑'正'字之误。"疑此处通行本或将正字（"正"）、误字（"在"）同时添入。

[2] "在万物之首"，原卷脱，依王叔岷校记，据张君房本补。

[3] "徒"，原卷作"屠"，据黑水城本及下文校改。

出则我止。”

其明日，又与合堂同席而坐。子产谓申徒嘉曰：“我先出则子止，子先出则我止。今我将出，子可以止乎，其未邪？且子见执政而不违，子齐执政乎？”

申徒嘉曰：“先生之门，固有执政，焉如此哉？子而悦子之执政而后人见①者也？闻之曰：‘鉴明则尘垢不止，止则不明也。久与贤人处则无过。’今子之所取之②者，先生也，而犹出言若是，不亦过乎！”

子产曰：“子既若是矣，犹与尧争善，计子之德不足以自反邪？”

申徒嘉曰：“自状其过，以不当亡者众；不状其过，以不当存者寡。知不可奈何，而安之若命，唯有德者能之。游于羿之彀中。中央者，中地也；然而不中者，命也。人以其全足、笑吾不全足者众③矣，我怫然而怒；而适先生之所，则

① “见”，参校本均无“见”字。
② “之”，道藏本、覆宋本、世德堂本、褚伯秀本、林希逸本、通行本均作“大”。陈鼓应说：“大，指学问德性。”
③ “众”，覆宋本、通行本作“多”。

废然而反。不知先生之洗我以善邪？吾与夫子游十九年矣，而未尝知吾兀者也。今子与我游于形骸之内，而子索我于形骸之外，不亦过乎！"

子产蹴然改容更貌曰："子无乃称！"

鲁有兀者叔山无趾，踵见仲尼。仲尼曰："子不谨，前既犯患若是矣。虽今来，何及矣！"

无趾曰："吾唯不知务而轻用吾身，吾是以亡足。今吾来也，犹有尊足者存，吾是以务全之也。夫天无不覆，地无不载，吾以夫子为天地，安知夫子之犹若是也！"

孔子曰："丘则陋矣。夫子胡不入乎，请讲以所闻！"

无趾出。孔子曰："弟子勉之！夫无趾，兀者也，犹务学以复补前行之恶，而况全德之人乎！"

无趾语老聃曰："孔丘之于至人，其未邪？彼何宾宾以学子为？彼且蕲以諔诡幻怪之名闻，不知至人之以是为己桎梏邪？"

老聃曰："胡不直使彼以死生为一条，以可不可为一贯者，解其桎梏，其可乎？"

无趾曰："天刑之，安可解！"

鲁哀公问于仲尼曰："卫有恶人焉，曰哀骀它。丈夫与之处者，思而不能去也。妇人见之，请于父母曰：'与为人妻，宁为夫子妾'者，十数而未止也。未尝有闻其唱者也，常和人而已矣。无君人之位以济乎人之死，无聚禄以望人之腹。又以恶骇天下，和而不唱，知不出乎四域，且而雌雄合乎前。是必有异乎人者也。寡人召而观之，果以恶骇天下。与寡人处，不至以月数，而寡人有意乎其为人也；不至乎期年，而寡人信之。国无宰，寡人传国焉。闷然而后应。泛〔然〕①而若辞，寡人丑乎，卒授之国。无几何也，去寡人而行，寡人恤焉若有亡也，若无与乐是国也。是何人者也？"

仲尼曰："丘也尝使于楚矣，适见豚②子食于其死母者，少焉眴③若，皆弃之而走。不见己

---

① "然"，原卷及道藏本、覆宋本、世德堂本、褚伯秀本、林希逸本均无，兹据吕注"泛然而辞"补。陈鼓应《庄子今注今译》引武延绪说："'泛'下疑亦有'然'字。"与吕注正相印证。

② "豚"，世德堂本作"豠"，通行本作"独"。

③ "眴"，《经典释文》："眴，本亦作'瞬'。"

焉尔，不得类焉尔。所爱其母者，非爱其形也，爱使其形者也。战而死者，其人之葬也不以翣资；刖者之屦，无为爱之。皆无其本矣。为天子之诸御，不爪翦，不穿耳；取妻者止于外，不得复使。形全犹足以为尔，而况全德之人乎！今哀骀它未言而信，无功而亲，使人授己国，唯恐其不受也，是必才全而德不形者也。"

哀公曰："何谓才全？"

仲尼曰："死生存亡，穷达贫富，贤与不肖毁誉，饥渴寒暑，是事之变、命之行也；日夜相代乎前，而知不能规乎其始者也。故不足以滑和，不可入于灵府。使之和豫，通而不失于兑；使日夜无郤，而与物为春，是接而生时乎心者也。是之谓才全。"

"何谓德不形？"

曰："平者，水停之盛也。其可以为法也，内保之而外不荡也。德者，成和之修也。德不形者，物不能离也。"

哀公异日以告闵子曰："始也吾以南面而君天下，执民之纪而忧其死，吾自以为至通矣。今吾闻至人之言，恐吾无其实，轻用吾身而亡吾国。吾与孔丘，非君臣也，德友而已矣。"

闉跂支离无脤说卫灵公，灵公悦①之，而视全人，其脰肩肩。瓮㼜大瘿说齐桓公，桓公悦之，而视全人，其脰肩肩。故德有所长，而形有所忘，人不忘其所忘，而忘其所不忘，此谓诚忘。

故圣人有所游，而知为孽，约为胶，德为接，工为商。圣人不谋，恶用知？不斫，恶用胶？无丧，恶用德？不货，恶用商？四者，天鬻也。天鬻也者②，天食也。既受食于天，又恶用人！有人之形，无人之情。有人之形，故群于人；无人之情，故是非不得于身。眇乎小哉，所以属于人也！謷乎大哉，独成其天！

惠子谓庄子曰："人故无情乎？"

庄子曰："然"。

惠子曰："人而无情，何以谓之人？"

庄子曰："道与之貌，天与之形，恶得不谓

---

① "悦"，世德堂本、通行本作"说"。下"桓公悦之"同。

② "天鬻也者"，道藏本、覆宋本、通行本作"天鬻者"。

之人？”

　　惠子曰：“既谓之人。恶得无情？”

　　庄子曰：“是非吾所谓情也。吾所谓无情者，言人之不以好恶内伤其身，常因自然而不益生也。”

　　惠子曰：“不益生，何以有其身？”

　　庄子曰：“道与之貌，天与之形，无以好恶内伤其身。今子外乎子之神，劳乎子之精，倚树而吟，据槁梧而瞑，天选子之形，子以坚白鸣！”

卷三

大宗师第六

知天之所为，知人之所为者，至矣。知天之所为者，天而生也，知人之所为者，以其知之所知，以养其知之所不知，终其天年，而不中道夭者，是知之盛也。

虽然，有患。夫知有所待而后当，其所待者，特未定也。庸讵知吾所谓天之非人乎？所谓人之非天乎？且有真人而后有真知。

何谓真人？古之真人，不逆寡，不雄成，不谟士。若然者，过而弗悔，当而不自得也。若然者，登高不栗，入水不濡，入火不热，是知之能登假于道也若此。

古之真人，其寝不梦，其觉无忧，其食不甘，其息深深。真人之息以踵，众人之息以喉。屈服者，其嗌言若哇。其耆欲深者，其天机浅。

古之真人，不知悦①生，不知恶死；其出不欣，其入不距②；翛然而往，翛然而来，而已矣③。不忘其所始，不求其所终；受而喜之，忘而复之。是之谓不以心捐④道，不以人助⑤天。是之谓真人。

若然者，其心志，其容寂，其颡頯；凄然似秋，煖然似春，喜怒通四时，与物有宜，而莫知其极。故圣人之用兵也，亡国而不失人心；利泽施乎万世，不为爱人。

故乐通物，非圣人也；有亲，非仁也；天时，非贤也；利害不通，非君子也；行名失己，非士也；亡身不真，非役人也。若狐不偕、务光、伯夷、叔齐、箕子、胥余、纪他、申徒⑥狄，是役人之役、适人之适，而不自适其适者也。

---

① "悦"，覆宋本、世德堂本、通行本作"说"。
② "距"，《经典释文》："距，本又作'拒'。"
③ "而已矣"，通行句读时将其上属，此实为独立句。
④ "捐"，或作"损"，陈鼓应说："今本缺坏误作'捐'。"成玄英疏："捐，弃也。……捐弃虚通之道。"
⑤ "人助"，原卷残损，据黑水城本补。
⑥ "徒"，原卷作"徙"，《经典释文》："申徒狄：殷时人，负石自沉于河。崔本作'司徒狄'。"据改。

古之真人，其状义而不朋，若不足而不承；与乎其觚而不坚也，张乎其虚而不华也；邴邴乎其似喜乎！崔乎其不得已乎！滀乎进我色[①]也，与乎止我德也；厉乎其似世乎，謷乎其未可制也；连乎其似好闭也，悗乎忘其言也。

以刑为体，以礼为翼，以知为时，以德为循。以刑为体者，绰乎其杀也；以礼为翼者，所以行于世也；以知为时[②]者，不得已于事也；以德为循者，言其与有足者，至于丘也。而人真以为勤行者也。[③]

故其好之也一，其弗好之也一。其一也一，其不一也一。其一与天为徒，其不一与人为徒。天与人不相胜也，是之谓真人。

死生，命也；其有夜旦之常，天也。人之有所不得与，皆物之情也。彼特以天为父，而身犹爱之，而况其卓乎！人特以有君为愈乎己，而身

---

① "色"，原卷残损，据道藏本、覆宋本、世德堂本、褚伯秀本、林希逸本、通行本补。

② "时"，原卷残损，据黑水城本补。

③ "以刑为体，以礼为翼……而人真以为勤行者也"一段，或认为非《庄子》思想，当删去。详见张默生、陈鼓应说。

犹死之，而况其真乎！泉涸，鱼相与处于陆，相呴以湿，相濡以沫，不如相忘于江湖。与其誉尧而非桀也，不如两忘而化其道。

夫大块载我以形，劳我以生，佚我以老，息我以死。故善吾生者，乃所以善吾死也。

夫藏舟于壑，藏山于泽，谓之固矣。然而夜半有力者负之而走，昧者不知也。藏小大有宜，犹有所遁。若夫藏天下于天下，而不得所遁，是恒物之大情也。

特犯人之形，而犹喜之。若人之形者，万化而未始有极也。其为乐可胜计邪？[①]故圣人将游于物之所不得遁而皆存。善夭[②]善老，善始善终，人犹效之，又况万物之所系，而一化之所待乎！

夫道，有情有信，无为无形；可传而不可受，可得而不可见；自本自根，未有天地，自古以固存；神鬼神帝，生天生地；在太极之先而不

---

① "特犯人之形，而犹喜之。若人之形者，万化而未始有极也。其为乐可胜计邪"，或认为是衍文，从后文子祀、子舆、子来一节错入，详见王孝鱼《庄子内篇新解》。

② "夭"，通行本或作"妖"，王叔岷言张君房本作"少"。

为高，在六极之下而不为深，先天地生而不为久，长于上古而不为老。

狶韦氏得之，以挈天地；伏牺①得之，以袭气母；维斗得之，终古不忒；日月得之，终古不息；堪坏②得之，以袭昆仑；冯夷得之，以游大川③；肩吾得之，以处太④山；黄帝得之，以登云天；颛顼得之，以处玄宫；禺强得之，立乎北极；西王母得之，坐乎少广，莫知其始，莫知其终；彭祖得之，上及有虞，下及五伯；傅说得之，以相武丁，奄有天下，乘东维，骑箕尾，而比于列星。⑤

南伯子葵问乎女偊曰："子之年长矣，而色若孺子，何也？"

---

① "牺"，世德堂本、褚伯秀本、林希逸本、通行本均作"戏"。

② "坏"，道藏本、覆宋本、世德堂本、褚伯秀本、通行本均作"坏"，《经典释文》亦引作"坏"，注云："司马云：'堪坏，神名，人面兽形。'"

③ "大川"，《经典释文》："大川，河也。崔本作'泰川'。"

④ "太"，世德堂本、林希逸本、通行本作"大"。

⑤ "狶韦氏得之……而比于列星"一段，或认为是神话，非《庄子》之文，详见施天侔《庄子疑检》。

曰："吾闻道矣。"

南伯子葵曰："可①得学邪？"

曰："恶！恶可！子非其人也。夫卜梁倚有圣人之才而无圣人之道，我有圣人之道而无圣人之才。吾欲以教之，庶几其果为圣人乎！不然，以圣人之道告圣人之才，亦易矣。吾犹守而告之②，三日而后能外天下；已外天下矣，吾又守之，七日而后能外物；已外物矣，吾又守之，九日而后能外生；已外生矣，而后能朝彻；朝彻，而后能见独；见独，而后能无古今；无古今，而后能入于不死不生。杀生者不死，生生者不生。其为物，无不将也，无不迎也；无不毁也，无不成也。其名为撄宁。撄宁也者，撄而后成者也。"

南伯子葵曰："子独恶乎闻之？"

曰："闻诸副墨之子。副墨之子闻诸洛诵之孙，洛诵之孙闻之瞻明，瞻明闻之聂许，聂许闻

---

① "可"，道藏本、覆宋本、世德堂本、褚伯秀本、通行本此字前均多一"道"字，此处承前省。

② "守而告之"，闻一多《庄子内篇校释》据成玄英疏校改为"告而守之"。

之需役，需役闻之于讴，于讴闻之玄冥，玄冥闻之参寥，参寥闻之疑始。"

子祀、子舆、子犂、子来四人相与语曰："孰能以无为首，以生为脊，以死为尻，孰知死生、存亡之一体者，吾与之友矣。"四人相视而笑，莫逆于心，遂相与为友。

俄而，子舆有病，子祀往问之，曰："伟哉！夫造物者，将以予为此拘拘也！"曲偻发背，上有五管，颐隐于齐，肩高于顶①，句赘指天。阴阳之气有沴，其心闲而无事，跰𨇤而鉴于井，曰："嗟乎！夫造物者又将以予为此拘拘也！"

子祀曰："汝②恶之乎？"

曰："亡，予何恶！浸假而化予之左臂以为鸡，予因以求时夜；浸假而化予之右臂以为弹，予因以求鸮炙；浸假而化予之尻以为轮，以神为马，予因而③乘之，岂更驾哉！且夫得者，时也；失者，顺也；安时而处顺，哀乐不能入也。

---

① "顶"，《经典释文》："顶，本亦作'项'。"
② "汝"，世德堂本、林希逸本、通行本作"女"。
③ "而"，覆宋本、通行本作"以"。

此古之所谓县解也。而不能自解者，物有结之。且夫物不胜天久矣，吾又何恶焉！"

俄而子来有病，喘喘然将死，其妻子环而泣之。〔子〕①犂往问之，曰："叱！避！无怛化！"倚其户与之语曰："伟哉造化！又将奚以汝为，将奚以汝适？以汝为鼠肝乎？以汝为虫臂乎？"

子来曰："父母于子，东西南北，唯命之从。阴阳于人，不翅于父母；彼近吾死而我不听，我则捍矣，彼何罪焉！夫大块载我以形，劳我以生，佚我以老，息我以死。故善吾生者，乃所以善吾死也。今之大冶铸金，金踊跃曰：'我且必为镆铘！'大冶必以为不祥之金。今一犯人之形，而曰：'人耳人耳。'夫造化者必以为不祥之人。今一以天地为大炉，以造化为大冶，恶乎往而不可哉！"成然寐，蘧然觉。

子桑户孟②、子反、子琴张三人相与友，

---

① "子"，原卷脱，据覆宋本、通行本及文意补。
② "孟"，通行本标点将其下属，作"孟子反"，兹据吕惠卿注"子桑户孟，则以深根为门，而莫之与长者也"之句读，将其上属，作"子桑户孟"。

曰："孰能相与于无相与，相为于无相为？孰能登天游雾，挠挑无极；相忘以生，无所终穷？"三人相视而笑，莫逆于心，遂相与友。

莫然有间，而子桑户死，未葬。孔子闻之，使子贡往待①事焉。或编曲，或鼓琴，相和而歌曰："嗟来桑户乎！嗟来桑户乎！而已反其真，而我犹为人猗！"子贡趋而进曰："敢问临尸而歌，礼乎？"二人相视而笑曰："是恶知礼意！"

子贡反，以告孔子，曰："彼何人者邪？修行无有，而外其形骸，临尸而歌，颜色不变，无以命之。彼何人者邪？"

孔子曰："彼，游方之外者也！而丘，游方之内者也。外内不相及，而丘使汝②往吊之，丘则陋矣。彼方且与造物者为人，而游乎天地之一气。彼以生为附赘县疣，以死为决疣溃痈。夫若然者，又恶知死生、先后之所在！假于异物，托于同体；忘其肝胆，遗其耳目；反覆终始，不知

---

① "待"，覆宋本、通行本作"侍"。
② "汝"，世德堂本、林希逸本、通行本作"女"。

端倪。芒然彷徨乎尘垢之外，逍遥乎无为之业。彼又恶能愦愦然为世俗之礼，以观众人之耳目哉！"

子贡曰："然则夫子何方之依？"

曰①："丘，天之戮民也。虽然，吾与汝共之。"

子贡曰："敢问其方。"

孔子曰："鱼相造乎水，人相造乎道。相造乎水者，穿池②而养给；相造乎道者，无事而生定。故曰：鱼相忘乎江湖，人相忘于道术。"

子贡曰："敢问畸人。"

曰："畸人者，畸于人而侔于天。故曰：天之小人，人之君子；人之君子，天之小人也。"

颜回问仲尼曰："孟孙才，其母死，哭泣无涕，中心不戚，居丧不哀。无是三者，以善③丧盖鲁国。固有无其实而得其名者乎？回壹怪

①　"曰"，覆宋本、通行本作"孔子曰"，多"孔子"二字。

②　"池"，《经典释文》："池，本亦作'地'。崔同。"

③　"善"，覆宋本、褚伯秀本、通行本作"善处"，多"处"字。

之。"

仲尼曰："夫孟孙氏尽之矣，进于知矣。唯简之而不得，夫已有所简矣。孟孙氏不知所以生，不知所以死；不知就先，不知就后；若化为物，以待其所不知之化已乎！且方将化，恶知不化哉？方将不化，恶知已化哉？吾特与汝，其梦未始觉者邪！且彼有骇形而无损心，有旦宅而无情死①。孟孙氏特觉，人哭亦哭，是自其所以乃。且也相与'吾之'耳矣，庸诅知吾所谓'吾之'乎？且汝梦为鸟而厉乎天，梦为鱼而没于渊。不识今之言者，其觉者乎，其梦者乎？造适不及笑，献笑不及排，安排而去化，乃入于寥天一。"

意而子见许由。许由曰："尧何以资汝？"

意而子曰："尧谓我：'汝必躬服仁义而明言是非。'"

许由曰："而奚来为轵？夫尧既已黥汝以仁义，而劓汝以是非矣，汝将何以游夫遥荡恣睢转徙之涂乎？"

---

① "情死"，刘师培《庄子斠补》据《淮南子·精神训》"且人有戒形而无损于心，有缀宅而无耗精"，将"情死"校改为"耗精"。

意而子曰："虽然，吾愿游于其藩。"

许由曰："不然。夫盲①者无以与乎眉目颜色之好，瞽者无以与乎青黄黼黻之观。"

意而子曰："夫无庄之失其美，据梁之失其力，黄帝之亡其知，皆在炉锤②之间耳。庸讵知夫造物者之不息我黥而补我劓，使我乘成以随先生邪？"

许由曰："噫！未可知也。我为汝言其大略。吾师乎！吾师乎！齑万物而不为义，泽及万世而不为仁，长于上古而不为老，覆载天地、刻雕众形而不为巧。此所游已。"

颜回曰："回益矣。"

仲尼曰："何谓也？"

曰："回忘仁义矣。"

曰："可矣，犹未也。"

它日③复见，曰："回益矣。"

---

① "盲"，《经典释文》："盲，本又作'眇'。"眇，一目失明。

② "锤"，世德堂本、通行本作"捶"，《经典释文》亦引作"捶"，注云："捶，本又作'锤'。"

③ "它日"，道藏本、褚伯秀本、通行本作"他日"，下同。《经典释文》："它日，崔本作'异日'。下亦然。"

曰：“何谓也？”

曰：“回忘礼乐矣。”

曰：“可矣，犹未也。”

它日复见，曰：“回益矣。”

曰：“何谓也？”

曰：“回坐忘矣。”

仲尼蹴然曰：“何谓坐忘？”

颜回曰：“堕枝[①]体，黜聪明，离形去知，同于大通，此谓坐忘。”

仲尼曰：“同则无好也，化则无常也。而果其贤乎？丘也请从而后也。”

子舆与子桑友，而淋[②]雨十日。子舆曰：“子桑殆病矣！”裹饭而往食之。至子桑之门，则若歌若哭，鼓琴曰：“父邪！母邪！天乎！人乎！”有不任其声而趋举其诗焉。

子舆入，曰：“子之歌诗，何故若是？”

曰：“吾思夫使我至此极者而弗得也。父母

---

① “枝”，道藏本、覆宋本、褚伯秀本、通行本作“肢”。

② “淋”，覆宋本、世德堂本、褚伯秀本、通行本作“霖”，《经典释文》亦引作“霖”，注云：“霖，本又作‘淋’。”

岂欲吾贫哉？天无私覆，地无私载，天地岂私贫我哉？求其为之者而不得也。然而至此极者，命也夫！"

应帝王第七

啮缺问于王倪，四问而四不知。啮缺因跃而大喜，行以告蒲衣子。蒲衣子曰："而乃今知之乎？有虞氏不及泰氏。有虞氏，其犹藏仁以要人；亦得人矣，而未始出于非人。泰氏，其卧徐徐，其觉于于；一以己为马，一以己为牛；其知情信，其德甚真，而未始入于非人。"

肩吾见狂接舆。狂接舆曰："日中始①何以语汝②？"

---

① "日中始"，《经典释文》："日中始，人姓名，贤者也。崔本无'日'字，云：'中始，贤人也。'"
② "汝"，世德堂本、通行本作"女"，《经典释文》亦引作"女"，注云："女，音汝。后皆同。"

　　肩吾曰："告我君人者，以己出经式义度，人孰敢不听而化诸！"

　　狂接舆曰："是欺德也。其于治天下也，犹涉海凿河而使蚊负山也。夫圣人之治也，〔治〕①外乎？正而后行，确乎能其事者而已矣。且鸟高飞以避矰弋之害，鼷鼠深穴乎神丘之下以避熏凿之患，而曾二虫之无知②！"

　　天根游于殷阳，至蓼水之上，适遭无名人而问焉，曰："请问为天下。"

　　无名人曰："去！汝鄙人也，何问之不豫也！予方将与造物者为人，厌，则又乘夫莽眇之鸟，以出六极之外，而游无何有之乡，以处圹埌之野。汝又何帛③以治天下、感予之心为？"

　　又复问。无名人曰："汝游心于淡，合气于漠，顺物自然，而无容私焉，而天下治矣。"

　　阳子居见老聃，曰："有人于此，向疾强梁，物彻疏明，学道不倦。如是者，可比明王

---

　　①　"治"，原卷脱，据黑水城本、通行本补。
　　②　"知"，通行本或作"如"。奚侗《庄子补注》："'知'当作'如'，其义较长。'无如'犹言'不如'也。"
　　③　"帛"，原卷作"帠"，据道藏本、覆宋本、世德堂本、黑水城本校改。

乎？"

老聃曰："是于圣人也，胥易技系、劳形怵心者也。且也虎豹之文来田，猿狙之便、执斄之狗①来藉。如是者，可比明王乎？"

阳子居蹴然曰："敢问明王之治。"

老聃曰："明王之治，功盖天下而似不自己，化贷万物而民弗恃；有莫举名，使物自喜；立乎不测，而游于无有者也。"

郑有神巫曰季咸，知人之死生存亡、祸福寿夭。期以岁月旬日，若神。郑人见之，皆弃而走。

列子见之而心醉，归，以告壶子，曰："始吾以夫子之道为至矣，则又有至焉者矣。"

壶子曰："吾与汝既其文，未既其实，而固得道与？众雌而无雄，而又奚卵焉？而以道与世亢，必信，夫故使人得而相汝。尝试与来，以予示之。②"

----

① "执斄之狗"，或疑为衍文。王叔岷说："'执斄之狗'四字，盖后人据《天地篇》旁注之文窜入正文也。"

② "尝试与来，以予示之"，原卷分入下段，兹据文意属本段。《经典释文》："示之，本亦作'视'。崔云：'视，示之也。'"

明日，列子与之见壶子。出而谓列子曰："嘻！子之先生死矣！弗活矣！不以旬数矣！吾见怪焉，见湿灰焉。"

列子入，泣涕沾襟以告壶子。壶子曰："向①吾示之以地文，萌乎不震不正②。是殆见吾杜德机也。尝又与来。③"

明日，又与之见壶子。出而谓列子曰："幸矣，子之先生遇我也！有瘳矣，全然有生矣！吾见杜权矣。"

列子入，以告壶子。壶子曰："向吾示之以天壤，名实不入，而机发于踵。是殆见吾善者机也。尝又与来。④"

明日，又与之见壶子。出而谓列子曰："子之先生不齐，吾无得而相焉。试齐，且复相之。"

列子入，以告壶子。壶子曰："吾向示之以

---

① "向"，覆宋本、世德堂本、通行本作"乡"，《经典释文》亦引作"乡"，注云："本作'鬵'，亦作'向'。"

② "不震不正"，《经典释文》："不震不正，并如字，崔本作'不誫不止'，云：'如动不动也。'"

③ "尝又与来"，原卷分入下段，兹据文意属本段。

④ "尝又与来"，原卷分入下段，兹据文意属本段。

太冲莫胜。是殆见吾衡气机也。鲵桓之审为渊，止水之审为渊，流水之审为渊。渊有九名，此处三焉。尝又与来。①"

明日，又与之见壶子。立未定，自失而走。壶子曰："追之！"

列子追之，不及。反，以报壶子，曰："已灭矣，已失矣，吾弗及已。"

壶子曰："向吾示之以未始出吾宗。吾与之虚而委蛇，不知其谁何，因以为弟靡，因以为波流②，故逃也。"

然后列子自以为未始学而归，三年不出。为其妻爨，食豕如食人。于事无与亲，雕琢复朴，块然独以其形立。纷而封哉③，一以是终。

无为名尸，无为谋府，无为事任，无为知主。体尽无穷，而游无朕；尽其所受乎天，而无见得，亦虚而已。至人之用心若镜，不将不迎，

应而不藏[①]，故能胜物而不伤。

南海之帝为儵，北海之帝为忽，中央之帝为浑沌。儵与忽时相与遇于浑沌之地，浑沌待之甚善。

儵与忽谋报浑沌之德，曰："人皆有七窍，以视听食息，此独无有，尝试凿之。"

日凿一窍，七日而浑沌死。

老子（白文本）　庄子（白文本）

---

① "藏"，《经典释文》："藏，如字，本又作'臧'。"

卷四

骈拇第八

骈拇枝指，出乎性哉！而侈于德。附赘县疣，出乎形哉！而侈于性。多方乎仁义而用之者，列于五藏哉！而非道德之正也。是故骈于足者，连无用之肉也；枝于手者，树无用之指也；多方骈枝于五藏之情者，淫僻于仁义之行，而多方于聪明之用也。

是故骈于明者，乱五色，淫文章，青黄黼黻之煌煌非乎？而离朱是已。多于聪者，乱五声[1]，淫六律，金石丝竹、黄钟大吕之声非乎？而师旷是已。枝于仁者，擢德塞性，以收名声，使天下簧鼓以奉不及之法非乎？而曾、史是已。骈于辩者，累瓦结绳窜句，游心于坚白同异之

---

[1] "五声"，《经典释文》："五声，本亦作'五音'。"

间，而敝跬誉无用之言非乎？而杨、墨是已。故此皆多骈旁枝之道，非天下之至正也。

彼正正者，不失其性命之情，故合者不为骈，而枝者不为跂，长者不为有余，短者不为不足。是故凫胫虽短，续之则忧；鹤胫虽长，断之则悲。故性长非所断，性短非所续，无所去忧也。意①仁义其非人情乎！彼仁人何其多忧也。②

且夫骈于拇者，决之则泣；枝于手者，龁之则啼。二者或有余于数，或不足于数，其于忧一也。今世之仁人，蒿目而忧世之患；不仁之人，决性命之情而饕贵富。故意③仁义其非人情乎！自三代以下者，天下何其嚣嚣也？

且夫待钩绳、规矩而正者，是削其性者也；待绳约、胶漆而固者，是侵其德也；屈折礼乐，呴俞仁义，以慰天下之心者，此失其常然也。天

---

① “意”，覆宋本、成玄英疏作“噫”。
② “意仁义其非人情乎！彼仁人何其多忧也”，原卷分入下段，兹据文意属本段。
③ “意”，严灵峰校改为“曰”。陈鼓应《庄子今注今译》引严灵峰说：“‘意’为叹词，上不当有‘故’字。疑‘意’字乃‘曰’字之误。”

下有常然。常然者，曲者不以钩，直者不以绳，圆者不以规，方者不以矩，附离不以胶漆，约束不以缠①索。故天下诱然皆生而不知其所以生，同焉皆得而不知其所以得。故古今不二，不可亏也。则仁义又奚连连如胶漆、缠索，而游乎道德之间为哉，使天下惑也！

夫小惑易方，大惑易性。何以知其然邪？自虞氏招仁义以挠天下也，天下莫不奔命于仁义，是非以仁义易其性与？

故尝试论之，自三代以下者，天下莫不以物易其性矣。小人则以身殉利，士则以身殉名，大夫则以身殉家，圣人则以身殉天下。故此数子者，事业不同，名声异号，其于伤性，以身为殉，一也。

臧与谷，二人相与牧羊，而俱亡其羊。问臧奚事，则挟策读书；问谷奚事，则博塞以游。二人者，事业不同，其于亡羊，均也。伯夷死名于首阳之下，盗跖死利于东陵之上。二人者，所死

----

① "缠"，道藏本、覆宋本、世德堂本、褚伯秀本、林希逸本、通行本均作"纆"，下同。《经典释文》亦引作"纆"，注云："纆，音墨。《广雅》云：'索也。'"

不同，其于残生伤性，均也。奚必伯夷之是而盗跖之非乎！

天下尽殉也。彼其所殉仁义也，则俗谓之君子；其所殉货财也，则俗谓之小人。其殉，一也。则有君子焉，有小人焉。若其残生损性，则盗跖亦伯夷已，又恶取君子、小人于其间哉！

且夫属其性乎仁义者，虽通如曾、史，非吾所谓臧也；属其性于五味，虽通如俞兒，非吾所谓臧也；属其性乎五声，虽通如师旷，非吾所谓聪也；属其性乎五色，虽通如离朱，非吾所谓明也。吾所谓臧者，非仁义之谓也，臧于其德而已矣；吾所谓臧者，非所谓仁义之谓也，任其性命之情而已矣；吾所谓聪者，非谓其闻彼也，自闻而已矣；吾所谓明者，非谓其见彼也，自见而已矣。夫不自见而见彼，不自得而得彼者，是得人之得而不自得其得者也，适人之适而不自适其适者也。夫适人之适而不自适其适，虽盗跖与伯夷，是同为淫僻也。余愧乎道德，是以上不敢为仁义之操，而下不敢为淫僻之行也。

马蹄第九

马，蹄可以践霜雪，毛可以御风寒，龁草饮水，翘足而陆，此马之真性也。虽有义台路寝，无所用之。

及至伯乐，曰："我善治马。"烧之，剔之，刻之，雒之，连之以羁馽，编之以皂栈，马之死者十二三矣；饥之，渴之，驰之，骤之，整之，齐之，前有橛饰之患，而后有鞭策之威，而马之死者已过半矣。

陶者曰："我善治植①，圆者中规，方者中矩。"匠人曰："我善治木，曲者中钩，直者应绳。"

夫植木之性，岂欲中规矩、钩绳哉？然且

---

① "植"，道藏本、覆宋本、世德堂本、褚伯秀本、林希逸本、通行本均作"埴"。

世世称之曰："伯乐善治马，而陶、匠善治埴、木。"此亦治天下者之过也。

吾意善治天下者不然。彼民有常性，织而衣，耕而食，是谓同德。一而不党，命曰天放^①。故至德之世，其行填填，其视颠颠^②。当是时也，山无蹊隧，泽无舟梁；万物群生，连属其乡；禽兽成群，草木遂长。是故禽兽可系羁而游，鸟鹊之巢可攀援而窥。

夫至德之世，同与禽兽居，族与万物并，恶乎知君子小人哉！同乎无知，其德不离；同乎无欲，是谓素朴。素朴而民性得矣。

及至圣人，蹩躠为仁，踶跂为义，而天下始疑矣；澶漫^③为乐，摘僻为礼，而天下始分矣。故纯朴不残，孰为牺樽？白玉不毁，孰为珪璋！道德不废，安取仁义？性情不离，安用礼乐？五色不乱，孰为文采？五声不乱，孰应六律？夫残

---

① "放"，《经典释文》："放，如字，崔云：'作"牧"，天养也。'"

② "颠颠"，《经典释文》："崔云：'专一也。'《淮南》作'瞑瞑'。"

③ "漫"，《经典释文》："向、崔本作'曼'，音同。"

朴以为器，工匠之罪也；毁道德以为仁义，圣人之过也。

夫马，陆居则食草饮水，喜则交颈相靡，怒则分背相踶，马知已此矣。夫加之以衡扼，齐之以月题，而马知介倪、阘扼、鸷曼、诡衔、窃辔。故马之知而能①至盗者，伯乐之罪也。

夫赫胥氏之时，民居不知所为，行不知所之，含哺而熙，鼓腹而游，民能以此矣。及至圣人，屈折礼乐以匡天下之形，县跂仁义以慰天下之心，而民乃始踶跂好知，争归于利，不可止也。此亦圣人之过也。

胠箧第十

将为胠箧、探囊、发匮之盗而为守备，则必摄缄縢、固扃鐍，此世俗之所谓知也。然而巨盗

---

① "能"，覆宋本、通行本作"态（态）"。

142

至，则负匮、揭箧、担囊而趋，唯恐缄縢、扃镝之不固也。然则向①之所谓知者，不乃为大盗积者也？

故尝试论之，世俗所谓知者，有不为大盗积者乎？所谓圣者，有不为大盗守者乎？何以知其然邪？昔者齐国邻邑相望，鸡狗之音相闻，罔罟之所布，耒耨之所刺，方二千余里。阖四境之内，所以立宗庙社稷、治邑屋州闾乡曲者，曷尝不法圣人哉？然而田成子一旦杀齐君而盗其国。所盗者岂独其国邪？并与其圣知之法而盗之。故田成子有乎盗贼之名，而身处尧、舜之安，小国不敢非，大国不敢诛，十二世有齐国。则是不乃窃齐国，并与其圣知之法，以守其盗贼之身乎？

尝试论之，世俗之所谓至知者，有不为大盗积者乎？所谓至圣者，有不为大盗守者乎？何以知其然邪？昔者龙逢斩，比干剖，苌弘肔，子胥靡，故四子之贤，而身不免乎戮。故跖之徒问于跖曰："盗亦有道乎？"

跖曰："何适而无有道邪？夫妄意室中之

---

① "向"，世德堂本、通行本作"乡"。

藏，圣也；入先，勇也；出后，义也；知可否，知也；分均，仁也。五者不备，而能成大盗者，天下未之有也。”由是观之，善人不得圣人之道不立，跖不得圣人之道不行。天下之善人少，而不善人多，则圣人之利天下也少，而害天下也多。

故曰：唇竭则齿寒，鲁酒薄而邯郸围，圣人生而大盗起。掊击圣人，纵舍盗贼，而天下始治也。

夫川竭而谷虚，丘夷而渊实。圣人已死，则大盗不起，天下平而无故矣。圣人不死，大盗不止。虽重圣人而治天下，则是重利盗跖也。为之斗斛以量之，则并与斗斛而窃之；为之权衡以称之，则并与权衡而窃之；为之符玺以信之，则并与符玺而窃之；为之仁义以矫之，则并与仁义而窃之。

何以知其然邪？彼窃钩者诛，窃国者为诸侯，诸侯之门而仁义存焉，则是非窃仁、义、圣、知邪？故逐于大盗，揭诸侯，窃仁义，并斗斛、权衡、符玺之利者，虽[1]轩冕之赏弗能劝，

---

① 此处覆宋本、世德堂本、林希逸本、通行本均有“有”字。

斧钺之威弗能禁。此重利盗跖而使不可禁者，是及^①圣人之过也。故曰：鱼不可脱于渊，国之利器不可以示人。彼圣人者，天下之利器也，非所以明天下也。

故绝圣弃智，大盗乃止；擿玉毁珠，小盗不起；烧符破玺，而民朴鄙；掊斗折衡，而民不争；殚残天下之圣法，而民始可与论议。

擢乱六律，铄绝竽瑟^②，塞^③瞽旷之耳，而天下始人含其聪矣；灭文章，散五采，胶离朱之目，而天下始人含其明矣；毁绝钩绳，而弃规矩，攦工倕之指，而天下始人有其巧矣。故曰：大巧若拙。削曾、史之行，钳杨、墨之口，攘弃仁义，而天下之德始玄同矣。彼人含其明，则天下不铄矣；人含其聪，则天下不累矣；人含其知，则天下不惑矣；人含其德，则天下不僻矣。彼曾、史、杨、墨、师旷、工倕、离朱者^④，皆

① "及"，覆宋本、世德堂本、褚伯秀本、林希逸本、通行本均作"乃"。

② "瑟"，《经典释文》："瑟，本亦作'笙'。"

③ "塞"，《经典释文》："崔本'塞'作'杜'，云：'塞也。'"

④ "者"，通行本无"者"字。

外立其德，而以爚乱天下者也，法之所无用也。

子独不知至德之世乎？昔者容成氏、大庭氏、伯皇氏、中央氏、栗陆氏、骊畜氏、轩辕氏、赫胥氏、尊卢氏、祝融氏、伏牺氏、神农氏，当是时也，民结绳而用之，甘其食，美其服，乐其俗，安其居，邻国相望，鸡狗之音相闻，民至老死而不相往来①。若此之时，则至治已。今遂至使民延颈举踵曰："某所有贤者。"赢粮而趣之，则内弃其亲而外去其主之事，足迹接乎诸侯之境，车轨结乎千里之外。则是上好知之过也。

上诚好知而无道，则天下大乱矣！何以知其然邪？夫弓弩毕弋机变之知多，则鸟乱于上矣；钩饵罔罟罾笱之知多，则鱼乱于水矣；削格罗落罝罘②之知多，则兽乱于泽矣；知诈渐毒、颉滑坚白、解垢同异之变多，则俗惑于辩矣。故天下每每大乱，罪在于好知。故天下皆知求其所

① "而不相往来"，《经典释文》："而不相往来，一本作'不相与往来'。检元嘉中郭注本及崔、向永和中本，并无'与'字。"

② "罘"，《经典释文》："罘，本又作'罦'，音浮。"

不知，而莫知求其所已知者，皆知非其所不善，而莫知非其所已善者，是以大乱。故上悖日月之明，下烁山川之精，中堕四时之施[①]，喘[②]奚之虫，肖翘之物，莫不失其性。甚矣，夫好知之乱天下也！自三代以下者是已。舍夫种种之民，而悦夫役役之佞；释夫恬淡无为，而悦夫啍啍之意。啍啍已乱天下矣！

在宥第十一

闻在宥天下，不闻治天下也。在之也者，恐天下之淫其性也；宥之也者，恐天下之迁其德也。天下不淫其性，不迁其德，有治天下者哉[③]？昔尧之治天下也，使天下欣欣焉人乐其

---

① "施"，通行本或作"拖"。
② "喘"，世德堂本、通行本作"惴"。
③ "有治天下者哉"，《经典释文》："有治天下者哉，崔本作'有治天下者材失'，云：'强治之，是材之失也。'"

性，是不恬也；桀之治天下也，使天下瘁瘁焉人苦其性，是不愉也。夫不恬不愉，非德也。非德也而可长久者，天下无之。

人大喜邪，毗于阳；大怒邪，毗于阴。阴阳并毗，四时不至，寒暑之和不成，其反伤人之形乎！使人喜怒失位，居处无常，思虑不自得，中道不成章，于是乎天下始乔诘卓鸷，而后有盗跖、曾、史之行。故举天下以赏其善者不足，举天下以罚其恶者不给，故天下之大不足以赏罚。自三代以下者，匈匈焉终以赏罚为事，彼何暇安其性命之情哉？

而且悦明邪，是淫于色也；悦聪邪，是淫于声也；悦仁邪，是乱于德也；悦义邪，是悖于理也；悦礼邪，是相于技也；悦乐邪，是相于淫也；悦圣邪，是相于艺也；悦知邪，是相于疵也。天下将安其性命之情，之八者，存可也，亡可也；天下将不安其性命之情，之八者，乃始脔卷伧囊而乱天下也。而天下乃始尊之、惜之，甚矣天下之惑也！岂直过也而去之邪？乃斋戒以言之，跪坐以进之，鼓歌以儛之。吾若是何哉？

故君子不得已而临莅天下，莫若无为。无为

也而后安其性命之情。故贵以身于为天下，则可以托天下；爱以身于为天下，则可以寄天下。

故君子苟能无解其五藏，无擢其聪明，尸居而龙见①，渊默而雷声，神动而天随，从容无为而万物炊累焉。吾又何暇治天下哉？

崔瞿问于老聃曰："不治天下，安臧②人心？"

老聃曰："汝③慎无撄人心。人心排④下而进上，上下囚杀，淖约柔乎刚强。廉刿雕琢，其热焦火，其寒凝冰。其疾俯仰之间，而再抚四海之外。其居也，渊而静；其动也，县而天⑤。偾骄而不可系者，其唯人心乎！

"昔者黄帝始以仁义撄人之心，尧、舜于是乎股无胈、胫无毛，以养天下之形，愁其五藏以

① "见"，《经典释文》："见，贤遍反，向、崔本作'睍'，向音见，崔音睍。"
② "臧"，通行本或作"藏"。王先谦《庄子集解》说："'藏'是'臧'之误，古字止作'臧'。'安臧人心'，言人心无由善。"
③ "汝"，通行本作"女"。
④ "排"，《经典释文》："排，皮皆反，崔本作'俳'。"
⑤ "县而天"，《经典释文》："县而天，音玄，向本无'而'字，云：'希高慕远，故曰县天。'"

为仁义，矜其血气，以规法度。然犹有不胜也。尧于是放讙兜于崇山，投①三苗于三峗②，流共工于幽都，此不胜天下也。夫施及三王，而天下大骇矣。下有桀、跖，上有曾、史，而儒、墨毕起。于是乎喜怒相疑，愚知相欺，善否相非，诞信相讥，而天下衰矣。大德不同，而性命烂漫矣；天下好知，而百姓求竭矣。于是乎，钘③锯制焉，绳墨杀焉，椎④凿决焉。天下脊脊⑤大乱，罪在撄人心。故贤者伏处大山嵁岩之下，而万乘之君忧栗乎庙堂之上。

"今世殊死者相枕也，桁杨者相推也，刑戮者相望也，而儒、墨乃始离跂、攘臂乎桎梏之间。意，甚矣哉！其无愧⑥而不知耻也甚矣！吾未知圣知之不为桁杨、椄槢也，仁义之不为桎梏、凿枘也，焉知曾、史之不为桀、跖嚆矢

---

① "投"，《经典释文》："崔本'投'作'杀'，《尚书》作'窜'。"
② "峗"，《经典释文》："峗，音危，本亦作'危'。"
③ "钘"，《经典释文》："钘，音斤，本亦作'斤'。"
④ "椎"，原卷作"推"，据黑水城本校改。
⑤ "脊脊"，《经典释文》："相践藉也。本亦作'肴肴'。《广雅》云：'肴，乱也。'"
⑥ "愧"，《经典释文》："愧，崔本作'魄'。"

也①！故曰：绝圣弃知，而天下大治。"

黄帝立为天子十九年，令行天下，闻广成子在于空同②之上，故往见之，曰："我闻吾子达于至道，敢问至道之精。吾欲取天地之精，以佐五谷，以养民人。吾又欲官阴阳，以遂群生，为之奈何？"

广成子曰："而所欲问者，物之质也；而所欲官者，物之残也。自而治天下，云气不待族而雨，草木不待黄而落，日月之光益以③荒矣。而佞人之心翦翦者，又奚足以语至道！"

黄帝退，捐天下，筑特室，席白茅，闲居三月，复往邀之。

广成子南首而卧，黄帝顺下风，膝行而进，再拜稽首而问曰："闻吾子达于至道，敢问治身奈何而可以长久？"

广成子蹶然而起，曰："善哉问乎！来，吾

①　"嚆"，《经典释文》："本亦作'嗃'。……崔本作'蒿'，云：'萧蒿可以为箭。'或作'矫'。……崔本此下更有'有无之相生也则甚，曾、史与桀、跖生有无也，又恶得无相戮也'，凡二十四字。"

②　"空同"，黑水城本作"崆峒"。

③　"益以"，《经典释文》："益以，崔本作'盖以'。"

语汝至道。至道之精，窈窈冥冥；至道之极，昏昏默默。无视无听，抱神以静，形将自正。必静必清，无劳汝形，无摇汝精，乃可以长生。目无所见，耳无所闻，心无所知，汝神将守形，形乃长生。慎汝内，闭汝外，多知为败。我为汝遂于大明之上矣，至彼至阳之原也；为汝入于窈冥之门矣，至彼至阴之原也。天地有官，阴阳有藏，慎守汝身，物将自壮。我守其一，以处其和。故我修身千二百岁矣，吾形未尝衰。"

黄帝再拜稽首曰："广成子之谓天也①！"

广成子曰："来，余语汝。彼其物无穷，而人皆以为终②；彼其物无测，而人皆以为极③。得吾道者，上为皇而下为王；失吾道者，上见光而下为土。今夫百昌，皆生于土而反于土。故余将去汝，入无穷之门，以游无极之野。吾与日月参光，吾与天地为常。当我，缗乎！远我，昏乎！

---

　　① "也"，道藏本、覆宋本、世德堂本、褚伯秀本、林希逸本、通行本均作"矣"。

　　② "终"，覆宋本、通行本作"有终"，多一"有"字。

　　③ "极"，覆宋本、通行本作"有极"，多一"有"字。

人其尽死，而我独存乎！”

云将东游，过扶摇之枝，而适遭鸿蒙。鸿蒙方将拊髀、爵^①跃而游。

云将见之，倘然止，贽然立，曰：“叟^②，何人邪？叟，何为此？”

鸿蒙拊髀、爵跃不辍，对云将曰：“游！”

云将曰：“朕愿有问也。”

鸿蒙仰而视云将曰：“吁^③！”

云将曰：“天气不和，地气郁结^④，六气不调，四时不节。今我愿合六气之精，以育群生，为之奈何？”

鸿蒙拊髀、爵跃掉头曰：“吾弗知！吾弗知！”

---

① “爵”，世德堂本、通行本作“雀”，下同。《经典释文》亦引作“雀”，注云：“雀，本又作‘爵’，同。”按，爵，通“雀”。《汉书·王莽传上》：“凤皇来仪，神爵降集。”神爵，即神雀。

② “叟”，《经典释文》：“叟，本又作‘傁’。”《左传·宣公十二年》：“赵傁在后。”杜预注：“傁，老称也。”

③ “吁”，《经典释文》：“吁，况于反，亦作‘呼’。”

④ “结”，《经典释文》：“结，如字，崔本作‘绾’，音结。”

云将不得问。

又三年，过①有宋之野，而适遭鸿蒙。

云将大喜，行趋而进，曰："天忘朕邪？天忘朕邪？"

再拜稽首，愿闻于鸿蒙。

鸿蒙曰："浮游，不知所求；猖狂，不知所往。游者鞅掌，以观无妄。朕又何知？"

云将曰："朕也自以为猖狂，而民随予所往；朕也不得已于民，今则民之放也。愿闻一言。"

鸿蒙曰："乱天之经，逆物之情，玄天弗成；解兽之群，而鸟皆夜鸣；灾及草木，祸及昆虫②。噫③！治人之过也！"

云将曰："然则吾奈何？"

鸿蒙曰："噫，毒哉！仙仙乎归矣。"

---

① "过"，道藏本、覆宋本、世德堂本、褚伯秀本、林希逸本、通行本"过"字之前，均有"东游"二字。

② "昆虫"，世德堂本、通行本作"止虫"，《经典释文》亦引作"止虫"，注云："本亦作'昆虫'。崔本作'正虫'。"

③ "噫"，覆宋本、世德堂本作"意"，《经典释文》亦引作"意"，注云："意，音医，本又作'噫'。下皆同。"按，"意"与"噫"通。

云将曰："吾遇天难，愿闻一言。"

鸿蒙曰："噫！心养。汝徒处无为，而物自化。堕尔形体，吐尔聪明，伦与物忘，大同乎涬溟。解心释神，莫然无魂。万物云云，各复其根。各复其根而不知；浑浑沌沌，终身不离。若彼知之，乃是离之。无问其名，无窥其情，物故自生。"

云将曰："天降朕以德，示朕以默。躬身求之，乃今也得。"

再拜稽首，起辞而行。

世俗之人，皆喜人之同乎己，而恶人之异于己也。同于己而欲之，异于己而不欲者，以出乎众为心也。夫以出乎众为心者，曷尝①出乎众哉？因众以宁所闻，不如众技众矣。而欲为人之国者，此揽②乎三王之利而不见其患者也。此以人之国侥倖也。几何侥倖而不丧人之国乎？其存人之国也，无万分之一；而丧人之国也，一不成

---

① "尝"，道藏本、覆宋本、世德堂本、通行本均作"常"。陈鼓应说："常，同'尝'。"
② "揽"，《经典释文》："揽，音览，本亦作'览'。"

而万有余丧矣。

悲夫，有土者之不知也！夫有土者，有大物也。有大物者，不可以物；物而不物，故能物物。明乎物物者之非物也，岂独治天下百姓而已哉！出入六合，游乎九州，独往独来，是谓独有。独有之人，是之①谓至贵。

大人之教，若形之于影，声之于响。有问而应之，尽其所怀，为天下配。处乎无响，行乎无方。挈汝适复之挠挠，以游无端，出入无旁，与日无始。颂论形躯，合乎大同。大同而无己。无己，恶乎得有有？睹有者，昔之君子；睹无者，天地之友。

贱而不可不任者，物也；卑而不可不因者，民也；匿而不可不为者，事也；粗而不可不陈者，法也；远而不可不居者，义也；亲而不可不广者，仁也；节而不可不积者，礼也；中而不可不高者，德也；一而不可不易者，道也；神而不可不为者，天也。

故圣人观于天而不助，成于德而不累，出于

---

① "之"，覆宋本、通行本无"之"字。

道而不谋，会于仁而不恃，薄于义而不积，应于礼而不讳，接于事而不辞，齐于法而不乱，恃于民而不轻，因于物而不去。物者，莫足为也，而不可为①。

不明于天者，不纯于德；不通于道者，无自而可；不明于道者，悲夫！

何谓道？有天道，有人道。无为而尊者，天道也；有为而累者，人道也。主者，天道也；臣者，人道也。天道之与人道，相去远矣，不可不察也。②

---

① "为"，道藏本、覆宋本、世德堂本、褚伯秀本、林希逸本、通行本均作"不为"，多一"不"字。

② "贱而不可不任者"至本篇之末"不可不察也"，诸家或疑非《庄子》之文。如宣颖《南华经解》说："此一段意肤文杂，与本篇之义不甚切，且其粗浅，全不似庄子之笔。"陈鼓应《庄子今注今译》引胡文英说："自'贱不可不任'以下，无甚精义……为赝手所窜。"

卷五

天地第十二

　　天地虽大，其化均也；万物虽多，其治一也；人卒虽众，其主君也。君原于德，而成于天。故曰：玄古之君天下，无为也，天德而已矣。

　　以道观言，而天下之君正；以道观分，而君臣之义明；以道观能，而天下之官治；以道泛观，而万物之应备。

　　故通于天地者，德也；行于万物者，道也；上治人者，事也；能有所艺者，技也。技兼于事，事兼于义，义兼于德，德兼于道，道兼于天。故曰：古之畜天下者，无欲而天下足，无为而万物化，渊静而百姓定。《记》曰："通于一而万事毕，无心得而鬼神服。"

　　夫子曰："夫道，覆载万物者也，洋洋乎大哉！君子不可以不刳心焉。无为为之之谓天，无为言之之谓德，爱人利物之谓仁，不同同之之谓大，行不崖异之谓宽，有万不同之谓富。故执德之谓纪，德成之谓立，循①于道之谓备，不以物挫志之谓完。君子明于此十者，则韬乎其事心之大也，沛乎其为万物逝也。若然者，藏金于山，藏珠于渊；不利货财，不近贵富；不乐寿，不哀夭；不荣通，不丑穷；不拘一世之利以为己私分，不以王天下为己处显。显则明②。万物一府，死生同状。"

夫子曰："夫道，渊乎其居也，漻乎其清也。金石不得，无以鸣。故金石有声，不考不鸣。万物孰能定之？

"夫王德之人，素逝而耻通于事，立之本原，而知通于神，故其德广。其心之出，有物采之。故形非道不生，生非德不明。存形穷生，立德明道，非王德者邪？荡荡乎，忽然出，勃然动，而万物从之乎？此谓王德之人。

"视乎冥冥，听乎无声。冥冥之中，独见晓

① "循"，《经典释文》："循，音旬，或作'修'。"
② "显则明"，陈鼓应说："此三字为浅人所窜入，有乖文势，当删。"

焉；无声之中，独闻和焉。故深之又深，而能物焉；神之又神，而能精焉。故其与万物接也，至无而供①其求，时骋而要其宿。大小、长短、修远。②"

黄帝游乎赤水之北，登乎昆仑之丘而南望，还归，遗其玄珠。使知索之而不得，使离朱索之而不得，使吃诟索之而不得也。乃使象罔，象罔得之。黄帝曰："异哉！象罔乃可以得之乎？"

尧之师曰许由，许由之师曰啮缺，啮缺之师曰王倪，王倪之师曰被衣。尧问于许由曰："啮缺可以配天乎？吾藉王倪以要之。"

许由曰："殆哉，圾乎天下！啮缺之为人也，聪明叡知，给数以敏，其性过人，而又乃以人受天。彼审乎禁过，而不知过之所由生。与之配天乎？彼且乘人而无天。方且本身而异形，方且尊知而火驰，方且为绪使，方且为物絯，方且四顾而物应，方且应众宜，方且与物化而未始有恒。夫何足以配天乎？虽然，有族有祖，可以为

---

① "供"，《经典释文》："供，音恭，本亦作'恭'。"
② "大小、长短、修远"，陈鼓应说："这六字句义不全，疑是郭象注文窜入正文。"

众父，而不可以为众父父。治，乱之率也，北面之祸也，南面之贼也。"

尧观乎华，华封人曰："嘻，圣人，请祝圣人。""使圣人寿。"

尧曰："辞。"

"使圣人富。"

尧曰："辞。"

"使圣人多男子。"

尧曰："辞。"

封人曰："寿、富、多男子，人之所欲也。汝①独不欲，何邪？"

尧曰："多男子则多惧，富则多事，寿则多辱。是三者，非所以养德也，故辞。"

封人曰："始也，我以汝②为圣人邪。今然，君子也。天生万民，必授之职。多男子，而授之职，则何惧之有？富而使人分之，则何事之有？夫圣人，鹑居而鷇食，鸟行而无彰；天下有道，则与物皆昌；天下无道，则修德就间；千岁

---

① "汝"，世德堂本、通行本作"女"。
② "汝"，世德堂本、通行本作"女"。

厌世，去而上仙；乘彼白云，至于帝乡；三患莫至，身常无殃，则何辱之有？"

封人去之，尧随之，曰："请问。"

封人曰："退已。"

尧治天下，伯成子高立为诸侯。尧授舜，舜授禹，伯成子高辞为诸侯而耕。禹往见之，则耕在野。禹趋就下风，立而问焉，曰："昔尧治天下，吾子立为诸侯。尧授舜，舜授予，而吾子辞为诸侯而耕，敢问其故何也？"

子高曰："昔尧治天下，不赏而民劝，不罚而民畏。今子赏罚而民且不仁，德自此衰，刑自此立，后世之乱自此始矣。夫子阖行邪？无落吾事！"俋俋乎耕而不顾。

泰初有无无，有无名；①一之所起，有一而未形。物得以生，谓之德；未形者有分，且然无间，谓之命；留②动而生物，物成生理，谓之形；形体保神，各有仪则，谓之性。性修反德，德至同于初。同乃虚，虚乃大。合喙鸣，喙鸣

---

① 此处通行句读为"泰初有无，无有无名"，兹从吕惠卿注"无无，则一亦不可得"句读。

② "留"，《经典释文》："留，或作'流'。"

合，与天地为合。其合缗缗，若愚若昏，是谓玄德，同乎大顺。

夫子问于老聃曰："有人治道若相放①，可不可，然不然。辩者有言曰：'离坚白，若县宇。'若是则可谓圣人乎？"

老聃曰："是胥易技系、劳形怵心者也。执狸②之狗成思③，猿狙之便自山林来④。丘，予告若，而所不能闻与而所不能言。凡有首有趾、无心无耳者众，有形者与无形无状而皆存者尽无。其动，止也；其死，生也；其废，起也。此又非其所以也。有治在人，忘乎物，忘乎天，其名为忘己。忘己之人，是之谓入于天。"

---

① "放"，或作"方""反"。《经典释文》引作"方"，注云："本亦作'放'。"陈鼓应《庄子今注今译》引李勉说："'放'与'反'者近致误，字当作'反'。"

② "狸"，世德堂本作"留"，《经典释文》亦引作"留"，注云："一本作'狸'。"

③ "成思"，吴汝纶《庄子点勘》认为"成思"当为"来田"形讹，"成""来"草书形近。

④ "猿狙之便自山林来"，吴汝纶《庄子点勘》认为，"自山林来"宜为"来藉"之讹。《庄子·应帝王》："是于圣人也，胥易技系、劳形怵心者也。且也虎豹之文来田，猿狙之便、执斄之狗来藉。"

蒋①间蔜②见季彻曰："鲁君谓蔜也曰：'请受教。'辞不获命，既已告矣，未知中否，请尝荐之。吾谓鲁君曰：'必服恭俭，拔出公忠之属而无阿私，民孰敢不辑？'"

季彻局局然笑曰："若夫子之言，于帝王之德，犹螳螂之怒臂以当车轶，则必不胜任矣。且若是，则其自为处危。其观台多物，将往投迹者众。"

蒋间蔜觑觑③然惊曰："蔜也汒④若于夫子之所言矣。虽然，愿先生之言其风也。"

季彻曰："大圣之治天下也，摇荡民心，使之成教易俗，举灭其贼心而皆进其独志，若性之自为，而民不知其所由然。若然者，岂兄尧、舜之教民，溟涬然弟之哉？欲同乎德而心居矣。"

子贡南游于楚，反于晋，过汉阴，见一丈人

----

① "蒋"，或作"将"。《经典释文》："将，一本作'蒋'。"

② "蔜"，《经典释文》："蔜，字亦作'芛'……将间蔜，人姓名也。一云：'姓将间，名芛。'或云：'姓蒋，名间蔜也。'"

③ "觑觑"，通行本或作"觐觐"。《经典释文》引作"觑觑"，注云："或云：'惊惧之貌。'"

④ "汒"，《经典释文》："汒，本或作'芒'。"

方将为圃畦，凿隧而入井，抱瓮而出灌，搰搰然用力甚多而见功寡。子贡曰："有械于此，一日浸百畦，用力甚寡而见功多，夫子不欲乎？"

为圃者仰而视之曰："奈何？"

曰："凿木为机，后重前轻，挈水若抽，数如泆汤，其名为槔。"

为圃者忿然作色而笑曰："吾闻之吾师，有机械者必有机事，有机事者必有机心。机心存于胸中，则纯白不备。纯白不备，则神生不定；神生不定者，道之所不载也。吾非不知，羞而不为也。"

子贡瞒然惭，俯而不对。

有间，为圃者曰："子奚为者邪？"

曰："孔丘之徒也。"

为圃者曰："子非夫博学以拟圣，于于以盖①众，独弦哀歌以卖名声于天下者乎？汝方将忘汝神气，堕汝形骸，而庶几乎？而身之不能治，而何暇治天下乎？子往矣，无乏吾事。"

---

① "盖"，《经典释文》："司马本'盖'作'善'。"

子贡卑陬失色，顼顼①然不自得，行三十里而后愈。

其弟子曰："向之人何为者邪？夫子何故见之变容失色，终日不自反邪？"

曰："始吾以为天下一人耳，不知复有夫人也。吾闻之夫子，事求可，功求成，用力少，见功多者，圣人之道。今徒不然。执道者德全，德全者形全，形全者神全。神全者，圣人之道也。托生与民并行，而不知其所之，汒乎淳备哉！功利机巧，必忘夫人之心②。若夫人者，非其志不之，非其心不为。虽以天下誉之，得其所谓，警③然不顾；以天下非之，失其所谓，傥④然不受。天下之非誉，无益损焉，是谓全德之人哉！我之谓风波之民。"

反于鲁，以告孔子。孔子曰："彼假修浑沌氏之术者也。识其一，不知其二；治其内，而不

---

① "顼顼"，《经典释文》："顼顼，本又作'旭旭'，许玉反。李云：'自失貌。'"

② "心"，《经典释文》："心，或作'道'。"

③ "警"，《经典释文》："警，五羔反，司马本作'警'。"

④ "傥"，《经典释文》："傥，本亦作'党'。"

治其外。夫明白入^①素，无为复朴，体性抱神，以游世俗之间者，汝将固惊邪？且混^②沌氏之术，予与汝何足以识之哉！”

谆芒将东之大壑，适遇苑风于东海之滨。

苑风曰：“子将奚之？”

曰：“将之大壑。”

曰：“奚为焉？”

曰：“夫大壑之为物也，注焉而不满，酌焉而不竭。吾将游焉。”

苑风曰：“夫子无意于横目之民乎？愿闻圣治。”

谆芒曰：“圣治乎？宫^③施而不失其宜，拔举而不失其能，毕见其情事而行其所为，行言自为而天下化。手挠顾指，四方之民莫不俱至，此

---

① “入”，杨树达据《淮南子》校改为“太”。杨树达《庄子拾遗》说：“‘入’字无义，字当为‘太’，形近误也。《淮南子·精神篇》云：‘处其一不知其二，治其内不识其外，明白太素，无为复朴，体本抱神，以游于天地之樊。’袭用此文，字正作‘太’。”

② “混”，覆宋本、世德堂本、林希逸本、通行本均作“浑”。

③ “宫”，覆宋本、世德堂本、褚伯秀本、林希逸本、通行本均作“官”。

之谓圣治。"

"愿闻德人。"

曰："德人者，居无思，行无虑，不藏是非美恶。四海之内，共利之之为悦，共给之之为安。怊乎若婴儿之失其母也，傥乎若行而失其道也。财用有余而不知其所自来，饮食取足而不知其所从，此谓德人之容。"

"愿闻神人。"

曰："上神乘光，与形灭亡，此谓照旷。致命尽情，天地乐而万事销亡，万物复情，此之谓混冥。"

门无鬼①与赤张满②稽观于武王之师。赤张满稽曰："不及有虞氏乎！故离此患也。"

门无鬼曰："天下均治而有虞氏治之邪？其乱而后治之与？"

赤张满稽曰："天下均治之为愿，而何计以有虞氏为？有虞氏之药疡也，秃而施髢，病而求医。孝子操药以修慈父，其色燋然，圣人羞之。

---

① "门无鬼"，《经典释文》："门无鬼，司马本作无畏，云：'门，姓；无畏，字也。'"

② "满"，《经典释文》："满，本或作'蒲'。"

至德之世，不尚贤，不使能。上如标枝，民如野鹿。端正而不知以为义，相爱而不知以为仁。实而不知以为忠，当而不知以为信，蠢动而相使不以为赐。是故行而无迹，事而无传。"

孝子不谀其亲，忠臣不谄其君，臣子之盛也。亲之所言而然，所行而善，则世俗谓之不肖子。君之所言而然，所行而善，则世俗谓之不肖臣。而未知此其必然邪？世俗之所谓然而然之，所谓善而善之，则不谓之导谀之人也。然则俗故严于亲而尊于君邪？谓己导人，则勃然作色；谓己谀人，则怫然作色。而终身导人也，终身谀人也，合譬饰辞聚众也，是终始本末不相坐。垂衣裳，设采色，动容貌，以媚一世，而不自谓导谀。与夫人之为徒，通是非，而不自谓众人，愚之至也。知其愚者，非大愚也；知其惑者，非大惑也。大惑者，终身不解；大愚者，终身不灵。三人行而一人惑，所适者犹可致也，惑者少也；二人惑，则劳而不至，惑者胜也。而今也以天下惑，予虽有祈向，不可得也，不亦悲乎！

大声不入于里耳，《折杨》《皇华》，则嗑然而笑。是故高言不止于众人之心，至言不出，俗言胜也。以二缶钟①惑，而所适不得矣。而今也以天下惑，予虽有祈向，其庸可得邪？知其不可得也而强之，又一惑也，故莫若释之而不推。不推，谁其比②忧？厉之人夜半生其子，遽取火而视之，汲汲然唯恐其似己也。

百年之木，破为牺樽，青黄而文之，其断③在沟中。比牺樽于沟中之断，则美恶有间矣，其于失性一也。跖与曾、史，行义有间矣，然其失性均也。且夫失性有五：一曰五色乱目，使目不明；二曰五声乱耳，使耳不聪；三曰五臭薰鼻，困惾中颡；四曰五味浊④口，使口厉爽；五曰趣舍滑心，使性飞扬。此五者，皆生之害也。而杨、墨乃始离跂自以为得，非吾所谓得也。夫得者困，可以为得乎？则鸠鸮之在于笼也，亦可以为得矣。且夫趣舍声色，以柴其内；皮弁鹬冠、

① "缶钟"，《经典释文》："缶，应作'垂'；钟，应作'踵'。言垂脚空中，必不得有之适也。司马本作'二垂钟'，云：'钟，注意也。'"

② "比"，《经典释文》："比，司马本作'鼻'，云：'始也。'"

③ "断"，《经典释文》："断，本或作'故'。"

④ "浊"，或作"浊"。《经典释文》引作"浊"，注云："浊，本又作'浊'。音同。"

揝笏绅修，以约其外。内支盈于柴栅，外重缱缴，睆睆然在缱缴之中，而自以为得；则是罪人交臂历指，而虎豹在囊槛，亦可以为得矣。

天道第十三

天道运而无所积，故万物成；帝道运而无所积，故天下归；圣道运而无所积，故海内服。明于天，通于圣，六通四辟于帝王之德者，其自为也，昧然无不静者矣。圣人之静也，非曰静也善，故静也。万物无足以铙①心者，故静也。水静则明烛须眉，平中准，大匠取法焉。水静犹明，而况精神！圣人之心静乎，天地之鉴也，万物之镜也。

夫虚静、恬淡、寂漠、无为者，天地之平而道德之至，故帝王圣人休焉。休则虚，虚则实，

---

① "铙"，褚伯秀本作"挠"。

实者伦矣。虚则静，静则动，动则得矣。静则无为。无为也，则任事者责矣。无为则俞俞。俞俞者，忧患不能处，年寿长矣。

夫虚静、恬淡、寂漠、无为者，万物之本也。^①明此以南乡^②，尧之为君也；明此以北面，舜之为臣也。以此处上，帝王天子之德也；以此处下，玄圣素王之道也。以此退居而闲游，江海山林之士服；以此进为而抚世，则功大名显而天下一也。静而圣，动而王，无为也而尊，朴素而天下莫能与之争美。夫明白于天地之德者，此之谓大本大宗，与天和者也。所以均调天下，与人和者也。与人和者，谓之人乐；与天和者，谓之天乐。

庄子曰："吾师乎！吾师乎！齑万物而不为戾，泽及万世而不为仁，长于上古而不为寿，覆载天地、刻雕众形而不为巧，此之谓天乐。故曰：'知天乐者，其生也天行，其死也物化。静而与阴同德，动而与阳同波。'故知天乐者，无

---

① 原卷此句属上一段，兹据文意划入本段。
② "乡"，《经典释文》："乡，许亮反，本亦作'向'。"

天怨，无人非，无物累，无鬼责。故曰：'其动也天，其静也地，一心定而王天下；其鬼不祟，其魂不疲，一心定而万物服。'言以虚静推于天地，通于万物，此之谓天乐。天乐者，圣人之心以畜天下也。"

夫帝王之德，以天地为宗，以道德为主，以无为为常。无为也，则用天下而有余；有为也，则为天下用而不足。故古之人贵夫无为也。上无为也，下亦无为也，是下与上同德，下与上同德则不臣；下有为也，上亦有为也，是上与下同道，上与下同道则不主。上必无为而用天下，下必有为为天下用，此不易之道也。故古之王天下者，知虽落天地，不自虑也，辩虽雕万物，不自悦①也；能虽穷海内，不自为也。天不产而万物化，地不长而万物育，帝王无为而天下功。故曰：莫神于天，莫富于地，莫大于帝王。故曰：帝王之德配天地。此乘天地，驰万物，而用人群之道也。

---

① "悦"，道藏本、覆宋本、世德堂本、通行本作"说"。

　　本在于上，末在于下；要在于主，详在于臣。三军五兵之运，德之末也；赏罚利害，五刑之辟，教之末也；礼法度数，刑名①比详，治之末也；钟鼓之音，羽旄之容，乐之末也；哭泣衰绖，隆杀之服，哀之末也。五末者②，须精神之运，心术之动，然后从之者也。末学者，古人有之，而非所以先也。③

　　君先而臣从，父先而子从，兄先而弟从，长先而少从，男先而女从，夫先而妇从。夫尊卑先后，天地之行也，故圣人取象焉。天尊地卑，神明之位也；春夏先，秋冬后，四时之序也。万物化作，萌区有状，盛衰之杀，变化之流也。夫天地至神，而有尊卑先后之序，而况人道乎？宗庙尚亲，朝廷尚尊，乡党尚齿，行事尚贤，大道之序也。语道而非其序者，非其道也。语道而非其道者，安取道？

　　是故古之明大道者，先明天而道德次之，

---

　　①　"刑名"，原卷下文作"形名"。
　　②　"五末者"，道藏本、覆宋本、世德堂本、褚伯秀本、林希逸本、通行本作"此五末者"，多一"此"字。
　　③　"末学者，古人有之，而非所以先也"，通行本归入下一段。

道德已明而仁义次之，仁义已明而分守次之，分守已明而形名次之，形名已明而因任次之，因任已明而原省次之，原省已明而是非次之，是非已明而赏罚次之，赏罚已明而愚知处宜。贵贱履位，仁贤不肖袭情，必分其能，必由其名。以此事上，以此畜下，以此治物，以此修身，知谋不用，必归其天。此之谓太平，治之至也。

故《书》曰："有形有名。"形名者，古人有之，而非所以先也。古之语大道者，五变而形名可举，九变而赏罚可言也。骤而语形名，不知其本也；骤而语赏罚，不知其始也。倒道而言，迕道而说者，人之所治也，安能治人？骤而语形名、赏罚，此有知治之具，非知治之道。可用于天下，不足以用天下，此之谓辩士，一曲之人也。礼法数度，形名比详，古人有之，此下之所以事上，非上之所以畜下也。[①]

昔者舜问于尧曰："天王之用心何如？"

---

① "夫帝王之德"至"此下之所以事上，非上之所以畜下也"，或疑非《庄子》之文。陈鼓应《庄子今注今译》引欧阳修说："此以下，俱不似庄子。"王夫之《庄子解》说："此篇之说……定非庄子之书，且非善学庄子者之所拟作。"

尧曰："吾不敖无告，不废穷民，苦死者，嘉孺子而哀妇人。此吾所以用心已。"

舜曰："美则美矣，而未大也。"

尧曰："然则何如？"

舜曰："天德而出宁，日月照而四时行，若昼夜之有经，云行而雨施矣。"

尧曰："胶胶扰扰乎！子，天之合也；我，人之合也。"

夫天地者，古之所大也，而黄帝、尧、舜之所共美也。故古之王天下者，奚为哉？天地而已矣。

孔子西藏书于周室，子路谋曰："由闻周之征藏史有老聃者，免而归居，夫子欲藏书，则试往因焉。"

孔子曰："善。"

往见老聃，而老聃不许[①]，于是繙十二经以说。

老聃中其说，曰："太谩，愿闻其要。"

---

① "而老聃不许"，原卷作"不而老聃许"，据文意及道藏本、覆宋本、世德堂本、褚伯秀本、林希逸本校改。

孔子曰："要在仁义。"

老聃曰："请问：仁义，人之性邪？"

孔子曰："然。君子不仁则不成，不义则不生。仁义，真人之性也，又将奚为矣？"

老聃曰："请问：何谓仁义？"

孔子曰："中心物①恺，兼爱无私，此仁义之情也。"

老聃曰："意！几②乎后言。夫兼爱，不亦迂乎？无私焉，乃私也。夫子若欲使天下无失其牧乎？则天地固有常矣，日月固有明矣，星辰固有列矣，禽兽固有群矣，树木固有立矣。夫子亦放德而行，循道而趋，已至矣！又何偈偈乎揭仁义，若击鼓而求亡子焉？意！夫子乱人之性也。"

士成绮见老子而问曰："吾闻夫子圣人也，吾固不辞远道而来愿见，百舍重趼而不敢息。今吾观子，非圣人也。鼠壤有余蔬而弃妹③，不仁

---

① "物"，《经典释文》："物，本亦作'勿'。"

② "几"，《经典释文》："司马本作'顽'，云：'顽，长也，复言长也。'"

③ "弃妹"，《经典释文》："弃妹，一本作'妹之者'。"

也。生熟不尽于前，而积敛无崖。"老子漠然不应。

士成绮明日复见，曰："昔者吾有刺于子，今吾心正郤矣，何故也？"

老子曰："夫巧知、神圣之人，吾自以为脱焉。昔者子呼我牛也而谓之牛，呼我马也而谓之马。苟有其实，人与之名而弗受，再受其殃。吾服也恒服，吾非以服有服。"

士成绮雁行避影，履行遂进而问："修身若何？"

老子曰："而容崖然，而目冲然，而颡頯然，而口阚然，而状义然，似系马而止也。动而持，发也机，察而审，知巧而睹于泰，凡以为不信。边境①有人焉，其名为窃。"

老子曰："夫道，于大不终，于小不遗，故万物备。广广乎其无不容也，渊乎其不可测也。形德仁义，神之末也，非至人孰能定之？夫至人有世，不亦大乎？而不足以为之累。天下奋棅而不与之偕，审乎无假而不与利迁，极物之真，

---

① "境"，世德堂本、通行本作"竟"。

能守其本，故外天地，遗万物，而神未尝有所困也。通乎道，合乎德，退仁义，宾礼乐，至人之心有所定矣。"

世之所贵道者，书也。书不过语，语有贵也。语之所贵者，意也。意有所随。意之所随者，不可以言传也。而世因贵言传书。世虽贵之哉，犹不足贵也，为其贵非其贵也。

故视而可见者，形与色也；听而可闻者，名与声也。悲夫，世人以形色、名声为足以得彼之情。夫形色、名声果不足以得彼之情，则知者不言，言者不知，而世岂识之哉？

桓公读书于堂上，轮扁斫轮于堂下，释椎凿而上，问桓公曰："敢问公之所读者何言邪？"

公曰："圣人之言也。"

曰："圣人在乎？"

公曰："已死矣。"

曰："然则君之所读者，古人之糟魄已夫！"

桓公曰："寡人读书，轮人安得议乎？有说则可，无说则死。"

轮扁曰："臣也以臣之事观之。斫轮，徐则

甘而不固，疾则苦而不入。不徐不疾，得之于手而应于心，口不能言，有数存焉于其间。臣不能以喻臣之子，臣之子亦不能受之于臣，是以行年七十而老斫轮。古之人与其不可传也死矣，然则君之所读者，古人之糟魄已矣①！"

天运第十四

天其运乎？地其处乎？日月其争于所乎？孰主张是？孰维纲是？孰居无事推而行是②？意者其有机缄③而不得已邪？意者其运转而不能自止邪？云者为雨乎？雨者为云乎？孰隆施是？孰

---

① "矣"，覆宋本、世德堂本、褚伯秀本、林希逸本、通行本均作"夫"。

② "推而行是"，或校改为"而推行是"。奚侗《庄子补注》说："'推'字当在'而'下。'推行'连语，与'主张''纲维'相耦。"

③ "缄"，《经典释文》："司马本作'咸'，云：'引也。'"

居无事淫乐而劝^①是？风起北方，一西一东，有上彷徨^②，孰嘘吸是？孰居无事而披拂是？敢问何故？

巫咸袑曰："来，吾语汝。天有六极五常，帝王顺之则治，逆之则凶。九洛之事，治成德备，监照下土，天下载之，此谓上皇。"

商太^③宰荡问仁于庄子。

庄子曰："虎狼，仁也。"

曰："何谓也？"

庄子曰："父子相亲，何为不仁！"

曰："请问至仁。"

庄子曰："至仁无亲。"

太宰曰："荡^④闻之，无亲则不爱，不爱则不孝。谓至仁不孝，可乎？"

庄子曰："不然。夫至仁尚矣，孝固不足

---

① "劝"，《经典释文》："司马本'劝'作'倦'。"

② "彷徨"，《经典释文》："司马本作'旁皇'，云：'旁皇，飙风也。'"

③ "太"，道藏本、世德堂本、通行本作"大"，《经典释文》亦引作"大"，注云："大，音泰，下文'大息'同。"

④ "荡"，《经典释文》："一本'荡'作'盈'，崔本同。或云：'盈，大宰字。'"

以言之。此非过孝之言也，不及孝之言也。夫南行者至于郢，北面而不见冥山，是何也？则去之远也，故曰：以敬孝易，以爱孝难；以爱孝易，而忘亲难；忘亲易，使亲忘我难；使亲忘我易，兼忘天下难；兼忘天下易，使天下兼忘我难。夫德遗尧、舜而不为也，利泽施于万世，天下莫知也。岂直太息而言仁孝乎哉？夫孝悌仁义、忠信贞廉，此皆自勉以役其德者也，不足多也。故曰：至贵，国爵并焉；至富，国财并焉；至愿，名誉并焉。是以道不渝。"

北门成问于黄帝曰："帝张咸池之乐于洞庭之野，吾始闻之惧，复闻之怠，卒闻之而惑，荡荡默默，乃不自得。"

帝曰："汝殆其然哉？吾奏之以人，徵①之以天，行之以礼义，建之以太清。四时迭起，②

---

① "徵"，世德堂本作"徵"，《经典释文》亦引作"徵"，注云："古本多作'徵'。"

② 通行本此句前或有："夫至乐者，先应之以人事，顺之以天理，行之以五德，应之以自然，然后调理四时，太和万物。"多认为是郭象注窜入正文。马叙伦《庄子义证》引苏辙说："'夫至乐者'以下三十五字是注文。"《经典释文》："迭……一本作'递'。"

万物循生；一盛一衰，文武伦经；一清一浊，阴阳调和，流光其声；蛰虫始作，吾惊之以雷霆；其卒无尾，其始无首；一死一生，一偾一起。所常无穷，而一不可待。汝故惧也。

"吾又奏之以阴阳之和，烛之以日月之明。其声能短能长，能柔能刚，变化齐一，不主故常。在谷满谷，在坑满坑；涂郤守神，以物为量。其声挥绰，其名高明。是故鬼神守其幽，日月星辰行其纪。吾止之于有穷，流之于无止。予欲虑之而不能知也，望之而不能见也，逐之而不能及也。傥然立于四虚之道，倚于槁梧而吟。目知穷乎所欲见，力屈乎所欲逐。吾既不及已矣！形充空虚，乃至委蛇。汝委蛇，故怠。

"吾又奏之以无怠之声，调之以自然之命。故若混逐丛生，林乐而无形，布挥而不曳，幽昏而无声。动于无方，居于窈冥；或谓之死，或谓之生；或谓之实，或谓之荣。行流散徙，不主常声。世疑之，稽于圣人。圣也者，达于情而遂于命也。天机不张而五官皆备，无言而心悦①，此

---

① "悦"，覆宋本、世德堂本、通行本均作"说"。

之谓天乐。① 故有焱氏为之颂曰：'听之不闻其声，视之不见其形，充满天地，苞裹六极。'汝欲听之而无接焉，而故惑也。

"乐也者，始于惧，惧故祟；吾又次之以怠，怠故道②；卒之于惑，惑故愚；愚故道，道可载而与之俱也。"

孔子西游于卫，颜渊问师金曰："以夫子之行为奚如？"

师金曰："惜乎！而夫子其穷哉？"

颜渊曰："何也？"

师金曰："夫刍狗之未陈也，盛以箧衍，巾以文绣，尸祝斋③戒以将之。及其已陈也，行者践其首脊，苏者取而爨之而已。将复取而盛以箧衍，巾以文绣，游居寝卧其下，彼不得梦，必且数眯焉。今而夫子亦取先王已陈刍狗，取④弟

---

① 原卷作"此之谓天乐，无言而心悦"，疑为前后倒错。陈鼓应说："从文势看，'此之谓天乐'应是承接'无言而心说'的结语。"据改。

② "道"，道藏本、覆宋本、世德堂本、褚伯秀本、林希逸本、通行本均作"遁"。

③ "斋"，覆宋本、世德堂本、通行本均作"齐"。

④ "取"，覆宋本、通行本作"聚"，疑原卷涉前一"取"字而误。

子游居寝卧其下。故伐树于宋，削迹于卫，穷于商、周，是非其梦邪？围于陈、蔡之间，七日不火食，死生相与邻，是非其眯邪？

"夫水行莫如用舟，而陆行莫如用车。以舟之可行于水也，而求推之于陆，则没世不行寻常。古今非水陆与？周、鲁非舟车与？今蕲行周于鲁，是犹推舟于陆也。劳而无功，身必有殃。彼未知夫无方之传，应物而不穷者也。

"且子独不见夫桔槔者乎？引之则俯，舍之则仰。彼，人之所引，非引人也，故俯仰而不得罪于人。故夫三皇五帝之礼义法度，不矜于同而矜于治。故譬三皇五帝之礼义法度，其犹柤①梨橘柚邪？其味相反，而皆可于口。

"故礼义法度者，应时而变者也。今取猿狙而衣以周公之服，彼必龁啮挽裂，尽去而后慊。观古今之异，犹猿狙之异乎周公也。故西施病心而矉其里，其里之丑人见而美之，归亦捧心而矉其里。其里之富人见之，坚闭门而不出；贫人见

---

① "柤"，原卷作"祖"，据文意及道藏本、覆宋本、世德堂本、褚伯秀本、林希逸本校改。

之，挈妻子而去之走。彼知美矉而不知矉之所以美。惜乎，而夫子其穷哉！"

孔子行年五十有一而不闻道，乃南之沛见老聃。

老聃曰："子来乎？吾闻子北方之贤者也，子亦得道乎？"

孔子曰："未得也。"

老子曰："子恶乎求之哉？"

曰："吾求之于度数，五年而未得也。"

老子曰："子又恶乎求之哉？"

曰："吾求之于阴阳，十有二年而未得。"

老子曰："然。使道而可献，则人莫不献之于其君；使道而可进，则人莫不进之于其亲；使道而可以告人，则人莫不告其兄弟；使道而可以与人，则人莫不与其子孙。然而不可者，无他也。中无主而不止，外无正而不行。由中出者，不受于外，圣人不出；由外入者，无主于中，圣人不隐。名，公器也，不可多取。仁义，先王之蘧庐也，止可以一宿而不可久处，觏而多责。

"古之至人，假道于仁，托宿于义，以游

逍遥之墟①，食于苟简之田，立于不贷之圃。逍遥，无为也；苟简，易养也；不贷，无出也。古者谓是采真之游。

"以富为是者，不能让禄；以显为是者，不能让名。亲权者，不能与人柄，操之则栗，舍之则悲，而一无所鉴，以窥其所不休者，是天之戮民也。怨、恩、取、与、谏、教、生、杀八者，正之器也，唯循大变无所湮者为能用之。故曰：正者，正也。其心以为不然者，天门弗开矣。"

孔子见老聃而语仁义。

老聃曰："夫播糠眯目，则天地四方易位矣；蚊虻噆肤，则通昔不寐矣。夫仁义憯然乃愤②吾心，乱莫大焉。吾子使天下无失其朴，吾子亦放风而动，揔③德而立矣。又奚杰然若负建鼓而求亡子者邪？夫鹄④不日浴而白，乌不日黔

---

① "墟"，世德堂本作"虚"，《经典释文》亦引作"虚"，注云："虚，音墟。本亦作'墟'。"

② "愤"，《经典释文》："本又作'愤'。"

③ "揔"，道藏本、覆宋本、褚伯秀本、通行本均作"总"。揔，同"总"。

④ "鹄"，或作"鹤"。《经典释文》："鹄，本又作'鹤'。"

而黑。黑白之朴，不足以为辨；名誉之观①，不足以为广。泉涸，鱼相与处于陆，相呴以湿，相濡以沫，不若相忘于江湖。"

孔子见老聃归，三日不谈。

弟子问曰："夫子见老聃，亦将何规哉？"

孔子曰："吾今于是乎见龙。龙，合而成体，散而成章，乘乎②云气而养乎阴阳。予口张而不能嗋，予又何规老聃哉？"

子贡曰："然则人固有尸居而龙见，雷声而渊默，发动如天地者乎？赐亦可得而观乎？"遂以孔子声见老聃。

老聃方将倨堂而应，微曰："予年运而往矣，子将何以戒我乎？"

子贡曰："夫三王③五帝之治天下不同，其系声名一也。而先生④独以为非圣人，如何

---

① "观"，《经典释文》："司马本作'讙'。"
② "乎"，覆宋本、通行本无"乎"字。
③ "三王"，或据前后文校改为"三皇"。《经典释文》："三王，本或作'三皇'。依注，作'王'是也。余皆作'三皇'。"
④ "生"，原卷作"王"，据文意及道藏本、覆宋本、世德堂本、褚伯秀本、林希逸本、通行本校改。

哉？"

老聃曰："小子少进，子何以谓不同？"

对曰："尧授舜，舜授禹，禹用力而汤用兵，文王顺纣而不敢逆，武王逆纣而不肯顺，故曰不同。"

老聃曰："小子少进，余语汝三皇五帝之治天下。黄帝之治天下，使民心一，民有其亲死不哭而民不非也。尧之治天下，使民心亲，民有为其亲杀其杀而民不非也。舜之治天下，使民心竞，民孕妇十月生子，子生五月而能言，不至乎孩而始谁，则人始有夭矣。禹之治天下，使民心变，人有心而兵有顺，杀盗非杀人[①]，自为种而天下耳。是以天下大骇，儒、墨皆起。其作始有伦，而今乎妇女，何言哉？余语汝：三皇五帝之治天下，名曰治之，而乱莫甚焉。三皇之知，上悖日月之明，下睽山川之精，中堕四时之施。其知憯于蛎虿之尾、鲜规之兽，莫得安其性命之情

---

① "杀盗非杀人"，或句读为"杀盗非杀"，"人"属下句。郭象注以"杀盗非杀"断句，但刘文典《庄子补正》据《荀子》《墨子》"杀盗非杀人"句，认为"'人'字属下为句，失其读"。

者，而犹自以为圣人，不可耻乎？其无耻也！"子贡蹴蹴然立不安。

孔子谓老聃曰："丘治《诗》《书》《礼》《乐》《易》《春秋》，自以为久矣，孰知其故矣；以奸者七十二君，论先王之道而明周、召之迹，一君无所钩用，甚矣夫！人之难说也，道之难明邪？"

老子曰："幸矣！子之不遇治世之君也！夫六经，先王之陈迹也，岂其所以迹哉？今子之所言，犹迹也。夫迹，履之所出，而迹岂履哉？夫白鶂之相视，眸子不运而风化；虫，雄鸣于上风，雌应于下风而风化。类自为雌雄，故风化。性不可易，命不可变，时不可止，道不可壅。苟得于道，无自而不可；失焉者，无自而可。"

孔子不出三月，复见，曰："丘得之矣。乌鹊孺，鱼傅沫，细要者化，有弟而兄啼。久矣，夫丘不与化为人！不与化为人，安能化人！"

老子曰："可。丘得之矣！"

卷六

刻意第十五

刻意尚行，离世异俗，高论怨诽，为亢而已矣。此山谷之士，非世之人，枯槁赴渊者之所好也。语仁义忠信、恭俭推让，为修而已矣。此平世之士、教诲之人，游居学者之所好也。语大功，立大名，礼君臣，正上下，为治而已矣。此朝廷之士，尊主强国之人，致功并兼者之所好也。就薮泽，处闲旷，钓鱼闲处，无为而已矣。此江海之士，避世之人，闲暇者之所好也。吹呴呼吸，吐故纳新，熊经鸟申，为寿而已矣。此导引之士、养形之人，彭祖寿考者之所好也。

若夫不刻意而高，无仁义而修，无功名而治，无江海而闲，不导引而寿，无不忘也，无不有也。澹然①无极，而众美从之。此天地之道，

---

① "澹然"，《经典释文》："一本作'澹而'。"

圣人之德也。故曰：夫恬淡寂寞、虚无无为，此天地之平[①]，道德之质也。

故曰：圣人休休焉则平易矣。[②]平易则恬惔矣。平易恬惔，则忧患不能入，邪气不能袭，故其德全而神不亏。

故曰：圣人之生也天行，其死也物化。静而与阴同德，动而与阳同波。不为福先，不为祸始。感而后应，迫而后动，不得已而后起。去知与故，循天之理。故无天灾，无物累，无人非，无鬼责。其生若浮，其死若休。不思虑，不豫谋。光矣而不耀，信矣而不期。其寝不梦，其觉无忧。其神纯粹，其魂不罢。虚无恬淡，乃合天德。

[①] "平"，《艺文类聚》卷二二引作"本"。陈鼓应说："本，今本作'平'，形近而误。"道藏本、覆宋本、世德堂本、林希逸本"平"字后有"而"字，全句为"此天地之平而道德之质也"。此处"故曰：夫恬淡寂寞、虚无无为，此天地之平，道德之质也"，或划入下一段。

[②] 俞樾《诸子平议·庄子》说："'休焉'二字，传写误倒，此本作'故曰：圣人休焉，休则平易矣'。"

故曰：悲乐者，德之邪；喜怒者，道之过；好恶者，德之失。故心不忧乐，德之至也；一而不变，静之至也；无所于忤，虚之至也；不与物交，淡之至也；无所于逆，粹之至也。

故曰：形劳而不休则弊，精用而不已则劳，劳则竭。水之性，不杂则清，莫动则平；郁闭而不流，亦不能清，天德之象也。故曰：纯粹而不杂，静一而不变，淡而无为，动而以天行，此养神之道也。

夫有干越之剑，柙而藏之，不敢用也，宝之至也。精神四达并流，无所不极，上际于天，下蟠于地，化育万物，不可为象，其名为同帝。

纯素之道，唯神是守；守而勿失，与神为一；一之精通，合于天伦。野语有之曰："众人重利，廉士重名，贤士尚志，圣人贵精。"故素也者，谓其无所与杂也；纯也者，谓其不亏其神也。能体纯素，谓之真人。

缮性第十六

缮性于俗，俗①学以求复其初；滑欲于俗，思②以求致其明，谓之蔽蒙之民。

古之治道者，以恬养知；〔知〕③生而无以知为也，谓之以知养恬。知与恬交相养，而和理出其性。夫德，和也；道，理也。德无不容，仁也；道无不理，义也；义明而物亲，忠也；中纯实而反乎情，乐也；信行容体而顺乎文，礼也。礼乐遍④行，则天下乱矣。彼正而蒙己德，德则不冒，冒则物必失其性也。

---

① "俗"，或疑为衍文。王先谦《庄子集解》引苏舆说："衍一'俗'字。"

② "思"，句读或上属。焦竑《庄子翼》说："'缮性于俗学''滑欲于俗思'为句，旧解失之。性非学不复，而俗学不可以复性；明非思不致，而俗思不可以求明。"

③ "知"，原卷无，据覆宋本补。

④ "遍"，覆宋本、林希逸本作"偏"。

197

古之人，在混芒之中，与一世而得澹漠焉。当是时也，阴阳和静，鬼神不扰，四时得节，万物不伤，群生不夭，人虽有知，无所用之，此之谓至一。当是时也，莫之为而常自然。

逮德下衰，及燧人、伏牺始为天下，是故顺而不一。德又下衰，及神农、黄帝始为天下，是故安而不顺。德又下衰，及唐、虞始为天下，兴治化之流，澆淳①散朴，离道以善②，险德以行，然后去性而从于心。心与心识知，而不足以定天下，然后附之以文，益之以博。文灭质，博溺心，然后民始惑乱，无以反其性情而复其初。

由是观之，世丧道矣，道丧世矣。世与道交相丧也，道之人何由兴乎世，世亦何由兴乎道哉？道无以兴乎世，世无以兴乎道，虽圣人不在山林之中，其德隐矣。

隐，故不自隐。古之所谓隐士者，非伏其身而弗见也，非闭其言而不出也，非藏其知而不

---

① “澆”，《经典释文》：“本亦作‘浇’。”“淳”，《经典释文》引作“醇”，注云：“亦本作‘淳’。”

② “善”，或校改作“为”。郭庆藩《庄子集释》说：“‘善’字疑是‘为’字之误。言所为非大道，所行非大德也。”

发也，时命大谬也。当时命而大行乎天下，则反一无迹；不当时命而大穷乎天下，则深根宁极而待。此存身之道也。

古之行身①者，不以辩饰知，不以知穷天下，不以知穷德，危然处其所而反其性已，又何为哉？道固不小行，德固不小识。小识伤德，小行伤道。故曰：正己而已矣。乐全之谓得志。古之所谓得志者，非轩冕之谓也，谓其无以益其乐而已矣。今之所谓得志者，轩冕之谓也。轩冕在身，非性命也，物之傥②来，寄也③。寄之，其来不可圉④，其去不可止。故不为轩冕肆志，不为穷约趋俗，其乐彼与此同，故无忧而已矣。今寄去则不乐。由是观之，虽乐，未尝不荒也。故曰：丧己于物，失性于俗者，谓之倒置之民。

---

① "行身"，通行本或作"存身"，道藏本、覆宋本、林希逸本作"行身"。褚伯秀说："'行身'，当是'存身'，上文可照。"

② "傥"，《经典释文》："崔本作'党'，云：'众也。'"

③ "寄也"，覆宋本、通行本作"寄者也"，多一"者"字。

④ "圉"，《经典释文》："本又作'御'。"

秋水第十七

秋水时至，百川灌河，泾流之大，两涘渚崖之间，不辩牛马。于是焉，河伯欣然自喜，以天下之美为尽在己。顺流而东行，至于北海，东面而视，不见水端。于是焉，河伯始旋其面目，望①洋向若而叹曰："野语有之曰：'闻道百，以为莫己若者。'我之谓也。且夫我尝闻少仲尼之闻而轻伯夷之义者，始吾弗信。今我睹子之难穷也，吾非至于子之门则殆矣。吾长见笑于大方之家。"

北海若曰："井蛙不可以语于北海者，拘于墟②也；夏虫不可以语于冰者，笃于时也；曲

---

① "望"，《经典释文》引作"眄"，注云："本亦作'望'。"

② "墟"，世德堂本、褚伯秀本、林希逸本、通行本均作"虚"，《经典释文》亦引作"虚"，注云："本亦作'墟'。"

士不可以语于道者，束于教也。今尔出于涯涘，观于大海，乃知尔丑，尔将可与语大理矣。天下之水，莫大于海，万川归之，不知何时止而不盈；尾闾泄之，不知何时已而不虚。春秋不变，水旱不知。此其过江河之流，不可为量数。而吾未尝以此自多者，自以比^①形于天地，而受气于阴阳。吾在天地之间，犹小石小木之在大山也，方存乎见少，又奚以自多？计四海之在天地之间也，不似礨空之在大泽乎？计中国之在海内，不似稊米之在大仓乎？号物之数谓之万，人处一焉；人卒九州，谷食之所生，舟车之所通，人处一焉。此其比万物也，不似豪^②末之在于马体乎？五帝之所连，三王之所争，仁人之所忧，任士之所劳，尽此矣。伯夷辞之以为名，仲尼语之以为博，此其自多也，不似尔向之自多于水乎？”

河伯曰：“然则吾大天地而小豪^③末，可

---

① “比”，原卷作“此”，据文意及道藏本、覆宋本、世德堂本、褚伯秀本、林希逸本校改。

② “豪”，道藏本作“毫”。

③ “豪”，道藏本、覆宋本、褚伯秀本作“毫”。

乎？”

北海若曰：“否。夫物，量无穷，时无止，分无常，终始无故。是故大知观于远近，故小而不寡，大而不多，知量无穷；证向今故，故遥而不闷，掇而不跂[1]，知时无止；察乎盈虚，故得而不喜，失而不忧，知分之无常也；明乎坦涂，故生而不悦[2]，死而不祸，知终始之不可故也。计人之所知，不若其所不知；其生之时，不若未生之时。以其至小，求穷其至大之域，是故迷乱而不能自得也。由此观之，又何以知豪末之足以定至细之倪？又何以知天地之足以穷至大之域？”

河伯曰：“世之议者皆曰：‘至精无形，至大不可围。’是信情乎？”

北海若曰：“夫自细视大者不尽，自大视细者不明。夫精，小之微也；垺，大之殷也，故异便。此势之有也。夫精粗者，期于有形者也；无形者，数之所不能分也；不可围者，数之所不能

---

① “跂”，《经典释文》：“一本作‘企’。”
② “悦”，世德堂本、通行本作“说”。

穷也。可以言论者，物之粗也；可以意致者，物之精也。言之所不能论，意之所不能察致者，不期精粗焉。

"是故大人之行，不出乎害人，不多仁恩；动不为利，不贱门隶；货财弗争，不多辞让；事焉不借人，不多食乎力，不贱贪污；行殊乎俗，不多辟异；为在从众，不贱佞谄^①。世之爵禄不足以为劝，戮耻不足以为辱。知是非之不可为分，细大之不可为倪。闻曰：'道人不闻，至德不得，大人无己。'约分之至也。"^②

河伯曰："若物之外，若物之内，恶至而倪贵贱？恶至而倪小大？"

北海若曰："以道观之，物无贵贱。以物观之，自贵而相贱。以俗观之，贵贱不在己。以差观之，因其所大而大之，则万物莫不大；因其所小而小之，则万物莫不小。知天地之为稊米也，知豪^③末之为丘山也，则差数睹矣。以功观之，

---

① "谄"，原卷作"謟"，据文意及褚伯秀本校改。
② "是故大人之行"至"约分之至也"，或疑为衍文。陈鼓应说："这一段文字与上文不相连续……显系他文错入，或为后人羼入。"
③ "豪"，道藏本、覆宋本、褚伯秀本作"毫"。

因其所有而有之，则万物莫不有；因其所无而无之，则万物莫不无。知东西之相反，而不可以相无，则功分定矣。以趣观之，因其所然而然之，则万物莫不然；因其所非而非之，则万物莫不非。知尧、桀之自然而相非，则趣操①睹矣。

"昔者尧、舜让而帝，之、哙让而绝；汤、武争而王，白公争而灭。由此观之，争让之礼，尧、桀之行，贵贱有时，未可以为常也。梁丽可以冲城，而不可以窒穴，言殊器也。骐骥、骅骝，一日而驰千里，捕鼠不如狸狌，言殊技也。鸱鸺②夜撮蚤，察豪③末，昼出瞋目而不见丘山，言殊性也。故曰：盖师是而无非，师治而无乱乎？是未明天地之理，万物之情者也。是犹师天而无地，师阴而无阳，其不可行明矣。然且语而不舍，非愚则诬也。帝王殊禅，三代殊继。差其

---

① "操"，或疑为"捨"字之误，"趣操"即"取舍"。详见刘文典《庄子补正》。

② "鸺"，或认为是注文衍入，非正文。陈鼓应《庄子今注今译》引王引之说："'鸺'字，涉《释文》内'鸱、鸺、鹠'而衍。"

③ "豪"，道藏本、覆宋本、褚伯秀本、林希逸本作"毫"。

时，逆其俗者，谓之篡夫；当其时，顺其俗者，谓之义之徒。默默乎河伯！汝①恶知贵贱之门、小大之家。"

河伯曰："然则我何为乎？何不为乎？吾辞受趣舍，吾终奈何？"

北海若曰："以道观之，何贵何贱，是谓反衍；无拘而志，与道大蹇。何少何多，是谓谢施；无一而行，与道参差。严乎若国之有君，其无私德；繇繇乎若祭之有社，其无私福；泛泛乎其若四方之无穷，其无所畛域；兼怀万物，其孰承翼？是谓无方。万物一齐，孰短孰长？道无终始，物有死生，不恃其成，一虚一满，不位乎其形。年不可举，时不可止，消息盈虚，终则有始。是所以语大义之方，论万物之理也。物之生也，若骤若驰，无动而不变，无时而不移。何为乎？何不为乎？夫固将自化。"

河伯曰："然则何贵于道邪？"

北海若曰："知道者必达于理，达于理者必明于权，明于权者不以物害己。至德者，火弗

---

① "汝"，世德堂本、通行本作"女"。

能热，水弗能溺，寒暑弗能害，禽兽弗能贼；非谓其薄之也，言察乎安危，宁于祸福，谨于去就，莫之能害也。故曰：天在内，人在外，德在乎天；知天人之行，本乎天，位乎得；蹢躅而屈伸，反要而语极。"

曰："何谓天？何谓人？"

北海若曰："牛马四足，是谓天；落马首，穿牛鼻，是谓人。故曰：无以人灭天，无以故灭命，无以得徇名。谨守而勿失，是谓反其真。"

夔怜蚿，蚿怜蛇，蛇怜风，风怜目，目怜心。

夔谓蚿曰："吾以一足趻踔①而行，予无如矣。今子之使万足，独奈何？"

蚿曰："不然。子不见夫唾者乎？喷则大者如珠，小者如雾，杂而下者不可胜数也。今予动吾天机，而不知其所以然。"

蚿谓蛇曰："吾以众足而行②，而不及子之

① "踔"，《经典释文》引作"卓"，注云："卓，本亦作'踔'。"
② "而行"，覆宋本、世德堂本、褚伯秀本、林希逸本、通行本均作"行"，无"而"字，据上下文，此处宜有"而"字。

无足，何也？"

蛇曰："夫天机之所动，何可易邪？吾安用足哉？"

蛇谓风曰："予动吾脊胁而行，则有似也。今子蓬蓬然起于北海，蓬蓬然入于南海，而似无有。何也？"

风曰："然。予蓬蓬然起于北海而入于南海也。然而指我则胜我，蹴①我亦胜我。虽然，夫折大木，蜚大屋者，唯我能也。故以众小不胜为大胜也。为大胜者，唯圣人能之。"

孔子游于匡，宋人围之数匝，而弦歌不辍②。

子路入见，曰："何夫子之娱也？"

孔子曰："来，吾语汝③。我讳穷久矣，而不免，命也；求通久矣，而不得，时也。当尧、

---

① "蹴"，世德堂本、通行本作"鰌"。《经典释文》亦引作"鰌"，注云："本又作'蹴'。"

② "辍"，世德堂本、通行本作"惙"，《经典释文》亦引作"惙"，注云："惙，本又作'辍'，同。"

③ "汝"，世德堂本、通行本作"女"。

舜而天下无穷人，非知得也；当桀、纣①而天下无通人，非知失也。时势适然。夫水行不避蛟龙者，渔父之勇也；陆行不避兕虎者，猎夫之勇也；白刃交于前，视死若生者，烈士之勇也；知穷之有命，知通之有时，临大难而不惧者，圣人之勇也。由，处矣！吾命有所制矣！"

无几何，将甲②者进，辞曰："以为阳虎也，故围之。今非也，请辞而退。"

公孙龙问于魏牟曰："龙少学先王之道，长而明仁义之行；合同异，离坚白；然不然，可不可；困百家之知，穷众口之辩；吾自以为至达已。今吾闻庄子之言，汒焉异之；不知论之不及与？知之弗若与？今吾无所开③吾喙，敢问其方。"

公子牟隐机太息，仰天而笑曰："子独不闻

①　"当尧、舜""当桀、纣"，或认为后皆脱"之时"二字。刘文典《庄子补正》说："'尧舜''桀纣'下'之时'二字旧敚。……《疏》：'夫生当尧、舜之时而天下太平'，'当桀、纣之时而天下暴乱'。是所见本亦并有此二字。"

②　"将甲"，《经典释文》："本亦作'持甲'。"

③　"开"，《经典释文》："开，如字，本亦作'关'，两通。"

夫埳^①井之蛙乎？谓东海之鳖曰：'吾乐与！吾跳梁乎井干之上，入休乎缺甃之崖；赴水则接掖持颐，蹶泥则没足灭跗。还虷蟹与科斗，莫吾能若也。且夫擅一壑之水，而跨跱埳井之乐，此亦至矣。夫子奚不时来入观乎？'东海之鳖左足未入，而右膝已絷矣。于是逡巡而却，告之海曰：'夫千里之远，不足以举其大；千仞之高，不足以极其深。禹之时十年九潦，而水弗为加益；汤之时八年七旱，而崖不为加损。夫不为顷久推移，不以多少进退者，此亦东海之大乐也。'于是埳井之蛙闻之，适适然惊，规规然自失也。

"且夫知不知是非之境^②，而犹欲观于庄子之言，是犹使蚊负山，商蚷驰河也，必不胜任矣。且夫知不知论极妙之言而自适一时之利者，是非埳井之蛙与？且彼方跐黄泉而登大皇，无南无北，奭然四解，沦于不测；无东无西，始于玄冥，反于大通。子乃规规然而求之以察，索之以

---

① "埳"，褚伯秀本、通行本作"坎"，下同。
② "境"，世德堂本、通行本作"竟"。

辩，是直用管窥天，用锥指地也，不亦小乎？子往矣！且子独不闻夫寿陵余子之学行于邯郸与？未得国能，又失其故行矣，直匍匐而归耳！今子不去，将忘子之故，失子之业。”

公孙龙口呿而不合，舌举而不下，乃逸而走。

庄子钓于濮水，楚王使大夫二人往先焉，曰：“愿以境内累矣！”

庄子持竿不顾，曰：“吾闻楚有神龟，死已三千岁矣，王巾笥而藏之庙堂之上。此龟者，宁其死为留骨而贵乎？宁其生而曳尾于涂中乎？”

二大夫曰：“宁生而曳尾涂中。”

庄子曰：“往矣！吾将曳尾于涂中。”

惠子相梁，庄子往见之。

或谓惠子曰：“庄子来，欲代子相。”

于是惠子恐，搜于国中，三日三夜。

庄子往见之，曰：“南方有鸟，其名鹓鶵，子知之乎？夫鹓鶵发于南海，而飞于北海，非梧桐不止，非练实不食，非醴泉不饮。于是鸱得腐鼠，鹓鶵过之，仰而视之曰：‘吓！’今子欲以子之梁国而吓我邪？”

庄子与惠子游于濠①梁之上。

庄子曰："鲦鱼出游从容，是鱼〔之〕乐②也。"

惠子曰："子非鱼，安知鱼之乐？"

庄子曰："子非我，安知我不知鱼之乐？"

惠子曰："我非子，固不知子矣。子固非鱼也，子之不知鱼之乐，全矣。"

庄子曰："请循其本。子曰'汝安知鱼乐'云者，既已知吾知之而问我，我知之濠上也。"

至乐第十八

天下有至乐无有哉？有可以活身者无有哉？今奚为奚据？奚避奚处？奚就奚去？奚乐奚恶？

---

① "濠"，《经典释文》引作"豪"，注云："豪，本亦作'濠'。"

② "鱼之乐"，原卷作"鱼乐"，兹据上下文意及覆宋本校补。

夫天下之所尊者，富贵寿善也；所乐者，身安、厚味、美服、好色、音声也；所下者，贫贱夭恶也；所苦者，身不得安逸，口不得厚味，形不得美服，目不得好色，耳不得音声。若不得者，则大忧以惧，其为形也亦愚哉！

夫富者，苦身疾作，多积财而不得尽用，其为形也亦外矣！夫贵者，夜以继日，思虑善否，其为形也亦疏矣！人之生也，与忧俱生，寿者惛惛，久忧不死，何之苦[①]也！其为形也亦远矣！列士为天下见善矣，未足以活身。吾未知善之诚善邪？诚不善邪？若以为善矣，不足活身；以为不善矣，足以活人。故曰：忠谏不听，蹲循勿争。故夫子胥争之以残其形；不争，名亦不成。诚有善无有哉？

今俗之所为与其所乐，吾又未知乐之果乐邪？果不乐邪？吾观夫俗之所乐，举群趣者，誙誙然如将不得已，而皆曰乐者，吾未之乐也，亦未之不乐也。果有乐无有哉？吾以无为诚乐矣，

----

① "何之苦"，覆宋本、通行本作"何苦"，少一"之"字。

又俗之所大苦也。故曰：至乐无乐，至誉无誉。

天下是非果未可定也。虽然，无为可以定是非。至乐活身，唯无为几存。请尝试言之：天无为以之清，地无为以之宁，故两无为相合，万物皆化。芒乎芴乎，而无从出乎；芴乎芒乎，而无有象乎。万物职职，皆从无为殖。故曰：天地无为也，而无不为也。人也孰能得无为哉！

庄子妻死，惠子吊之，庄子则方箕踞鼓盆而歌。

惠子曰："与人居，长子老身，死不哭亦足矣，又鼓盆而歌，不亦甚乎！"

庄子曰："不然。是其始死也，我独何能无概然？察其始，而本无生；非徒无生也，而本无形；非徒无形也，而本无气。杂乎芒芴之间，变而有气，气变而有形，形变而有生。今又变而之死，是相与为春秋冬夏四时行也。人且偃然寝于巨室，而我嗷嗷然随而哭之，自以为不通乎命，故止也。"

支离叔与滑介叔观于冥伯之丘，昆仑之虚，黄帝之所休。俄而，柳生其左肘，其意蹶蹶然恶之。

支离叔曰："子恶之乎？"

滑介叔曰："亡，予何恶？生者，假借也。假之而生生者，尘垢也。死生为昼夜。且吾与子观化而化及我，我又何恶焉？"

庄子之楚，见空髑髅，髐然有形，檄①以马捶，因而问之，曰："夫子贪生失理，而为此乎？将子有亡国之事，斧钺之诛，而为此乎？将子有不善之行，愧遗父母妻子之丑，而为此乎？将子有冻馁之患，而为此乎？将子之春秋故及此乎？"于是语卒，援髑髅，枕而卧。

夜半，髑髅见梦曰："子之谈者似辩士，诸②子所言，皆生人之累也，死则无此矣。子欲闻死之说乎？"

庄子曰："然。"

髑髅曰："死，无君于上，无臣于下，亦无四时之事，从然以天地为春秋，虽南面王乐，不能过也。"

---

① "檄"，道藏本、覆宋本、世德堂本、林希逸本、通行本均作"撽"。扌、木，形旁易淆。成玄英疏："撽，打击也。"

② "诸"，覆宋本、通行本作"视"。

庄子不信，曰："吾使司命复生子形，为子骨肉肌肤，反子父母、妻子、闾里、知识，子欲之乎？"

髑髅深矉蹙頞曰："吾安能弃南面王乐而复为人间之劳乎？"

颜渊东之齐，孔子有忧色。

子贡下席而问曰："小子敢问，回东之齐，夫子有忧色，何邪？"

孔子曰："善哉汝问。昔者管子有言，丘甚善之，曰：'褚小者不可以怀大，绠短者不可以汲深。'夫若是者，以为命有所成，而形有所适也，夫不可损益。吾恐回与齐侯言尧、舜、黄帝之道，而重以燧人、神农之言。彼将内求于己而不得，不得则惑，人惑则死。

"且汝独不闻邪？昔者海鸟止于鲁郊，鲁侯御而觞之于庙，奏《九韶》以为乐，具太牢以为膳。鸟乃眩视忧悲，不敢食一脔，不敢饮一杯，三日而死。此以己养养鸟也，非以鸟养养鸟也。夫以鸟养养鸟者，宜栖之深林，游之坛陆，浮之江湖，食之鳅鲦，随行列而止，委蛇而处。彼唯人言之恶闻，奚以夫谄谄为乎？《咸池》《九韶》之乐，张之洞庭之野，鸟闻之而飞，兽闻之而走，鱼闻之而下入，人卒闻之，相与还而观之。鱼处水而生，人处水而死。彼必相与异，其好恶故异也，故先圣不一其能，不同其事。名止于实，义设于适，是之谓条达而福持。"

列子行，食于道从，见百岁髑髅，攓蓬而指之，曰："唯予与汝知而未尝死、未尝生也。汝果养乎？予果欢乎？"

种有几，得水则为䉈，得水土之际则为蛙蠙之衣，生于陵屯则为陵舄，陵舄得郁栖则为乌足，乌足之根为蛴螬①，其叶为蝴蝶②。蝴蝶胥也化而为虫，生于灶下，其状若脱，其名为鸲掇。鸲掇千日为鸟，其名为干余骨。干余骨之沫为斯弥，斯弥为食③醯。颐辂生乎食醯，黄軦生乎九猷，瞀芮生乎腐蠸。羊奚比乎不箰，久竹生青宁，青宁生程，程生马，马生人，人又反入于机。万物皆出于机，皆入于机。

---

① "蛴螬"，《经典释文》："司马本作'螬蛴'。"
② "蝴蝶"，道藏本、覆宋本、世德堂本、褚伯秀本、林希逸本、通行本均作"胡蝶"。下同。
③ "食"，《经典释文》："司马本作'蚀'。"

卷七

达生第十九

达生之情者，不务生之所无以为；达命之情者，不务知①之所无奈何。养形必先之〔以〕②物，物有余而形不养者有之矣；有生必先无离形，形不离而生亡者有之矣。生之来不能却，其去不能止。悲夫！世之人以为养形，足以存生，而养形果，不足以存生，则世奚足为哉！虽不足为而不可不为者，其为不免矣！

夫欲免为形者，莫如弃世。弃世则无累，无累则正平，正平则与彼更生，更生则几矣。事奚足弃而生奚足遗？弃事则形不劳，遗生则精不亏。夫形全精复，与天为一。天地者，万物之父

---

① “知”，通行本或改作“命”。王叔岷说：“案，‘知’当作‘命’，两‘命’字与上文两‘生’字对言。”郭象注：“知之所无奈何者，命表事。”而郭注作“知”，其注从正文“知之所无奈何”出。

② “以”，原卷无，据道藏本、覆宋本、褚伯秀本补。

母也，合则成体，散则成始。形精不亏，是谓能移。精而又精，反以相天。①

子列子问关尹曰："至人潜行不窒②，蹈火不热，行乎万物之上而不栗，请问何以至于此？"

关尹曰："是纯气之守也，非知巧果敢之列③。居，予语汝。凡有貌象声色者，皆物也。物与物何以相远？夫奚足以至乎先？是色而已。则物之造乎不形而止乎无所化，夫得是而穷之者，物焉得而止焉？彼将处乎不淫之度，而藏乎无端之纪，游乎万物之所终始。壹其性，养其气，合④其德，以通乎物之所造。夫若是者，其天守全，其神无郤，物奚自入焉！

---

① "是谓能移"，郭象注："与化俱也。"成玄英疏："移者，迁转之谓也。""反以相天"，郭象注："还辅其自然也。"

② "窒"，或作"空"。成玄英疏："窒，塞也。……本亦作'空'。"

③ "列"，《经典释文》："列，音例，本或作'例'。"而成玄英疏将"列"字下属，曰："命御寇令复坐，我告汝至言也。"将"列"释为列御寇。又，唐写本"列"作"所"，上下句连读为"非知巧果敢之所居"。

④ "合"，《列子·黄帝》引作"含"。

"夫醉者之坠车，虽疾不死，骨节与人同，而犯害①与人异，其神全也。乘亦不知也，坠亦不知也，死生惊惧不入乎其胸中，是故遻物而不慑。彼得全于酒而犹若是，而况得全于天乎！圣人藏于天，故莫之能伤也。

"复仇者不折镆干，虽有忮心者不怨飘瓦，是以天下平均。故无攻战之乱，无杀戮之刑者，由此道也。

"不开人之天，而开天之天。开天者德生，开人者贼生。不厌其天，不忽于人，民几乎以其真。"②

仲尼适楚，出于林中，见痀偻者承蜩，犹掇之也。

仲尼曰："子巧乎，有道邪？"

---

① "害"，《白孔六帖》卷一五引作"难"。

② "复仇者不折镆干，虽有忮心者不怨飘瓦，是以天下平均。故无攻战之乱，无杀戮之刑者，由此道也。不开人之天，而开天之天。开天者德生，开人者贼生。不厌其天，不忽于人，民几乎以其真。"今《列子·黄帝》不载，其文至"故莫之能伤也"句而止，故陈鼓应《庄子今注今译》据此"疑是别处错入，和本节主题（论神全）无关"。

曰："我有道也。五六月^①累丸二而不坠，则失者锱铢；累三而不坠，则失者十一；累五而不坠，犹掇之也。吾处身也，若橛株拘；吾执臂也，若槁木之枝。虽天地之大，万物之多，而唯蜩翼之知。吾不反不侧，不以万物易蜩之翼，何为而不得！"

孔子顾谓弟子曰："用志不分，乃凝于神，其痀偻丈人之谓乎！"

颜渊问仲尼曰："吾尝济乎觞深之渊，津人操舟若神。吾问焉曰：'操舟可学邪？'曰：'可。善游者数能。若乃夫没人，则未尝见舟而便操之也。'吾问焉而不吾告，敢问何谓也？"

仲尼曰："善游者数能，忘水也；若乃夫没人之未尝见舟而便操之，彼视渊若陵，视舟之覆犹其车却也。覆却万^②方陈乎前而不得入其舍，

---

① "五六月"，陶鸿庆《读诸子札记·庄子》说："'五六月'，《释文》引司马曰：'粘蝉时也。'此说失之。'五六月'，谓数习所历之时也。"

② "万"，一说此处脱"物"字。《列子·黄帝》："覆却万物，方陈乎前，而不得入其舍。"郭庆藩《庄子集释》引俞樾注："'万'下脱'物'字，此本以'覆却万物'为句。"

恶往而不暇！以瓦注者巧，以钩注者惮，以黄金注者殙[1]。其巧一也，而有所矜，则重外也。凡外重者内拙。"[2]

田开之见周威公，威公曰："吾闻祝肾[3]学生，吾子与祝肾游，亦何闻焉？"

田开之曰："开之操拔彗以侍门庭，亦何闻于夫子！"

威公曰："田子无让，寡人愿闻之。"

开之曰："闻之夫子曰：'善养生者，若牧羊然，视其后者而鞭之。'"

威公曰："何谓也？"

田开之曰："鲁有单豹者，岩居而水饮[4]，不与民共利，行年七十而犹有婴儿之色，不幸遇

① "殙"，《列子·黄帝》引作"惛"。

② 成玄英疏："夫射者之心，巧拙无二。为重于外物，故心有所矜。只为贵重黄金，故内心昏拙。岂唯在射，万事亦然。""外重"，据成玄英疏及上句"重外"，或当乙正。《列子·黄帝》引作"重外"："凡重外者拙内。"

③ "肾"，《经典释文》："字又作'紧'，音同。本或作'贤'。"

④ "水饮"，或作"饮水"。成玄英疏："岩居饮水，不争名利。"《太平御览》卷七二〇引作"谷饮"。

饿虎，饿虎①杀而食之。有张毅者，高门县薄，无不走②也，行年四十而有内热之病以死。豹养其内而虎食其外，毅养其外而病攻其内。此二子者，皆不鞭其后者③也。"

仲尼曰："无入而藏，无出而阳，柴立其中央。三者若得，其名必极。夫畏涂者，十杀一人，则父子兄弟相戒也，必盛卒徒而后敢出焉，不亦知乎！人之所取畏者，衽席④之上，饮食之间，而不知为之戒者，过也！"

祝宗人玄端以临牢策说彘曰："汝奚恶死？吾将三月豢⑤汝，十日戒，三日齐，藉白茅，加汝肩尻乎雕俎之上，则汝为之乎？"为彘谋，曰不如食以糠糟而错之牢策之中；自为谋，则苟生

---

① "饿虎"，《白孔六帖》卷八九、《太平御览》卷七二〇等俱无。王叔岷说："似今本误叠'饿虎'二字。"

② "走"，《吕氏春秋·必己》《淮南子·人间训》作"趋"。

③ "鞭其后者"，郭象注："去其不及也。"林云铭《庄子因》："不鞭其后，不能勉其所不足。"

④ "衽席"，陈鼓应说："指色欲之事。"

⑤ "豢"，《经典释文》："豢，音患。司马云：'养也。'本亦作'牺'。"

有轩冕之尊，死得于豚①楯之上、聚偻之中则为
之。为彘谋则去之，自为谋则取之，所异彘者
何也！

桓公田于泽，管仲御，见鬼焉。

公抚管仲之手曰："仲父何见？"

对曰："臣无所见。"

公反，诶诒为病，数日不出。

齐士有皇子告敖者曰："公则自伤，鬼恶能
伤公！夫忿滀之气，散而不反，则为不足；上而
不下，则使人善怒；下而不上，则使人善忘；不
上不下，中身当心，则为病。"

桓公曰："然则有鬼乎？"

曰："有。沉有履，灶有髻。户内之烦壤，
雷霆处之；东北方之下者，倍阿鲑蠪跃之；西北
方之下者，则泆阳处之。水有罔象，丘有峷②，
山有夔，野有彷徨，泽有委蛇。"

公曰："请问委蛇之状何如？"

---

① "豚"，道藏本、覆宋本、世德堂本、褚伯秀本、林
希逸本、通行本均作"朕"。

② "峷"，褚伯秀本、林希逸本作"峷"，《经典释
文》亦引作"峷"，注云："峷，本又作'莘'。……司马
云：'状如狗，有角，文身五采。'"

皇子曰："委蛇，其大如毂，其长如辕，紫衣而朱冠。其为物也，恶闻雷车之声，则捧其首而立。见之者殆乎霸。"

桓公辗然而笑曰："此寡人之所见者也。"于是正衣冠与之坐，不终日，而不知病之去也。

纪渻子为王养斗鸡。

十日而问："鸡已乎①？"

曰："未也。方虚憍而恃气。"

十日又问，曰："未也。犹应向景。"

十日又问，曰："未也。犹疾视而盛气。"

十日又问，曰："几矣，鸡虽有鸣者，已无变矣，望之似木鸡矣，其德全矣。异鸡无敢应者，反走矣。"

孔子观于吕梁，县水三十仞，流沫四十里，鼋鼍鱼鳖之所不能游也。见一丈夫游之，以为有苦而欲死也，使弟子并流而拯之。数百步而出，被发行歌而游于塘下。

孔子从而问焉，曰："吾以子为鬼，察子则人也。请问，蹈水有道乎？"

---

① "鸡已乎"，《列子·黄帝》作"鸡可斗已乎"。

曰：“亡，吾无道。吾始乎故，长乎性，成乎命。与齐①俱入，与汩偕出，从水之道而不为私焉。此吾所以蹈之也。”

孔子曰：“何谓始乎故，长乎性，成乎命？”

曰：“吾生于陵而安于陵，故也；长于水而安于水，性也；不知吾所以然而然，命也。”

梓庆削木为镰，镰成，见者惊犹鬼神。

鲁侯见而问焉，曰：“子何术以为焉？”

对曰：“臣工人，何术之有？虽然，有一焉。臣将为镰，未尝敢以耗气也，必齐以静心。齐三日，而不敢怀庆赏爵禄；齐五日，不敢怀非誉巧拙；齐七日，辄然忘吾有四枝形体也。当是时也，无公朝，其巧专而外滑消；然后入山林，观天性；形躯至矣，然后成见镰，然后加手焉。不然则已。则以天合天，器之所以疑神者，其是与！”

东野稷以御见庄公，进退中绳，左右旋中规。庄公以为文弗过也，使之钩百而反。

---

① “齐”，王夫之《庄子解》说：“‘齐’‘脐’通，水之旋涡如脐也。”

颜阖遇之，入见曰："稷之马将败。"

公密而不应。少焉，果败而反。

公曰："子何以知之？"

曰："其马力竭矣，而犹求焉，故曰败。"

工倕旋而盖规矩，指与物化而不以心稽，故其灵台一而不桎。忘足，屦之适也；忘要，带之适也；知忘是非，心之适也；不内变，不外从，事会之适也。始乎适而未尝不适者，忘适之适也。

有孙休者，踵门而诧子扁庆子曰："休居乡不见谓不修，临难不见谓不勇；然而田原不遇岁，事君不遇世，宾于乡里，逐于州部，则胡罪乎天哉？休恶遇此命也？"

扁子曰："子独不闻夫至人之自行邪？忘其肝胆，遗其耳目，芒然彷徨乎尘垢之外，逍遥乎无事之业，是谓为而不恃，长而不宰。今汝饰知以惊愚，修身以明污，昭昭乎若揭日月而行也。汝得全而形躯，具而九窍，无中道夭于聋盲跛蹇而比于人数，亦幸矣，又何暇乎天之怨哉！子往矣！"

孙子出，扁子入。坐有间，仰天而叹。

弟子问曰："先生何为叹乎？"

扁子曰："向者休来，吾告之以至人之德，吾恐其惊而遂至于惑也。"

弟子曰："不然。孙子之所言是邪，先生之所言非邪，非固不能惑是。孙子所言非邪？先生所言是邪？彼固惑而来矣，又奚罪焉！"

扁子曰："不然。昔者有鸟止于鲁郊，鲁君说之，为具太牢以飨之，奏《九韶》以乐之。鸟乃始忧悲眩视，不敢饮食。此之谓以己养养鸟也，若夫以鸟养养鸟者，宜栖之深林，浮之江湖，食之以委蛇，则平陆而已矣。今休，款启寡闻之民也，吾告以至人之德，譬之若载鼷以车马，乐鴳以钟鼓也，彼又恶能无惊乎哉！"

山木第二十

庄子行于山中，见大木枝叶盛茂，伐木者止其旁而不取也。问其故，曰："无所可用。"庄子曰："此木以不材得终其天年。"

夫子出于山，舍于故人之家。故人喜，命竖子杀雁而烹①之。竖子请曰："其一能鸣，其一不能鸣，请奚杀？"主人曰："杀不能鸣者。"

明日，弟子问于庄子曰："昨日山中之木，以不材得终其天年；今主人之雁，以不材死。先生将何处？"

庄子笑曰："周将处夫材与不材之间。材与不材之间，似之而非也，故未免乎累。若夫乘道德而浮游则不然，无誉无訾，一龙一蛇，与时俱化，而无肯专为。一上一下，以和为量，浮游乎万物之祖。物物而不物于物，则胡可得而累邪！此神农、黄帝之法则也。若夫万物之情，人伦之传，则不然。合则离，成则毁，廉则挫②，尊则议，有为则亏，贤则谋，不肖则欺，胡可得而必乎哉！悲夫！弟子志之，其唯道德之乡乎！"

市南宜僚见鲁侯，鲁侯有忧色。市南子曰：

---

① "烹"，《吕氏春秋·必己》引作"飨"。王念孙《读书杂志》说："'享'与'飨'通。"

② "挫"，《经典释文》引作"刿"，注云："本亦作'挫'。"

“君有忧色，何也？”

鲁侯曰：“吾学先王之道，修先君之业；吾敬鬼尊贤，亲而行之，无须臾离居[1]；然不免于患，吾是以忧。”

市南子曰：“君之除患之术浅矣！夫丰狐文豹，栖于山林，伏于岩穴，静也；夜行昼居，戒也；虽饥渴隐约，犹且胥疏于江湖之上而求食焉，定也。然且不免于罔罗机辟之患，是何罪之有哉？其皮为之灾也。今鲁国独非君之皮邪？吾愿君刳形去皮，洒[2]心去欲，而游于无人之野。南越有邑焉，名为建德之国。其民愚而朴，少私而寡欲；知作而不知藏，与而不求其报；不知义之所适，不知礼之所将；猖狂妄行，乃蹈乎大方；其生可乐，其死可葬。吾愿君去国捐俗，与道相辅而行。”

---

① “无须臾离居”，俞樾《诸子平议·庄子》说：“崔譔本无‘离’字，而以‘居’字连上句读，当从之。《吕氏春秋·慎人篇》‘胼胝不居’，高诱训‘居’为‘止’。‘无须臾居’者，无须臾止也，正与上句‘行’字相对成义。学者不达‘居’字之旨，而习于《中庸》‘不可须臾离’之文，遂妄加‘离’字，而‘居’字属下读，失之矣。”

② “洒”，《经典释文》：“本亦作‘洗’。”

君曰："彼其道远而险，又有江山，我无舟车，奈何？"

市南子曰："君无形倨，无留居，以为君车。"

君曰："彼其道幽远而无人，吾谁与为邻？吾无粮，我①无食，安得而至焉？"

市南子曰："少君之费，寡君之欲，虽无粮而乃足。君其涉于江而浮于海，望之而不见其崖，愈往而不知其所穷。送君者皆自崖而反，君自此远矣！故有人者累，见有于人者忧。故尧非有人，非见有于人也。吾愿去君之累，除君之忧，而独与道游于大莫之国。方舟而济于河，有虚舡②来触舟，虽有惼心之人不怒。有一人在其上，则呼张歙之。一呼而不闻，再呼而不闻，于是三呼邪，则必以恶声随之。向也不怒而今也怒，向也虚而今也实。人能虚己以游世，其孰能害之！"

北宫奢为卫灵公赋敛以为钟，为坛乎郭门

---

① "我"，《经典释文》："一本'我'作'饿'。"
② "舡"，道藏本、覆宋本、世德堂本、褚伯秀本、林希逸本、通行本均作"船"。

之外，三月而成上下之县。王子庆忌见而问焉，曰：“子何术之设？”

奢曰：“一之间，无敢设也。①奢闻之：‘既雕既琢，复归于朴。’侗乎其无识，傥乎其怠疑；萃乎芒乎，其送往而迎来；来者勿禁，往者勿止；从其强梁，随其曲傅，因其自穷。故朝夕赋敛而毫毛不挫，而况有大涂者乎。”

孔子围于陈、蔡之间，七日不火食。

太②公任往吊之，曰：“子几死乎？”

曰：“然。”

“子恶死乎？”

曰：“然。”

任曰：“予尝言不死之道。东海有鸟焉，其名曰意怠。其为鸟也，翂翂翐翐，而似无能；引援而飞，迫胁而栖；进不敢为前，退不敢为后；食不敢先尝，必取其绪。是故其行列不斥，而外人卒不得害，是以免于患。直木先伐，甘井先竭。子其意者饰知以惊愚，修身以明污，昭昭

---

① 此句郭象注：“泊然抱一耳，非敢假设以益事也。”
② “太”，世德堂本、通行本作“大”。

乎如揭日月而行，故不免也。昔吾闻之大成之人曰：'自伐者无功，功成者堕，名成者亏。'孰能去功与名，而还与众人。道流而不明居，得行而不名处，纯纯常常，乃比于狂。削迹捐势，不为功名。是故无责于人，人亦无责焉。至人不闻，子何喜哉？"

孔子曰："善哉！"辞其交游，去其弟子，逃于大泽，衣裘褐，食杼栗。入兽不乱群，入鸟不乱行。鸟兽不恶，而况人乎！

孔子问子桑雽[①]曰："吾再逐于鲁，伐树于宋，削迹于卫，穷于商、周，围于陈、蔡之间。吾犯此数患，亲交益疏，徒友益散，何与？"

子桑雽曰："子独不闻假人之亡与？林回弃千金之壁[②]，负赤子而趋。或曰：'为其布与？赤子之布寡矣；为其累与？赤子之累多矣。弃千金之壁，负赤子而趋，何也？'林回曰：'彼以利合，此以天属也。'夫以利合者，迫穷祸患害

---

① "雽"，世德堂本、林希逸本作"虖"，通行本作"雽"。

② "壁"，道藏本、覆宋本、褚伯秀本、林希逸本、通行本均作"璧"，下"壁"同。

相弃也；以天属者，迫穷祸患害相收也。夫相收之与相弃亦远矣。且君子之交淡若水，小人之交甘若醴。君子淡以亲，小人甘以绝。彼无故以合者，则无故以离。”

孔子曰："敬闻命矣！"徐行翔佯而归，绝学捐书，弟子无挹于前，其爱益加进。

异日，桑雽又曰："舜之将死，真泠①禹曰：'汝戒之哉！形莫若缘，情若莫②率。'缘则不离，率则不劳。不离不劳，则不求文以待形；不求文以待形，固不待物。"

庄子衣大布而补之，正緳③系履而过魏王。

魏王曰："何先生之惫邪？"

庄子曰："贫也，非惫也。士有道德不能行，惫也；衣弊履穿，贫也，非惫也。此所谓

---

① "真泠"，陈鼓应《庄子今注今译》校改为"乃命"，并出注说："各家曲说作解，依据王引之之说改。"《经典释文》："真，司马本作'直'。"

② "若莫"，道藏本、覆宋本、世德堂本、褚伯秀本、林希逸本、通行本皆作"莫若"。

③ "緳"，成玄英疏："緳，履带也。亦言腰带也。"陈鼓应《庄子今注今译》作"緳"。

非遭时也。王独不见夫腾①猿乎？其得楠梓豫章也，揽蔓其枝而王长②其间，虽羿、逢③蒙不能睥④睨也。及其得柘棘枳枸之间也，危行侧视，振动悼栗，此筋骨非有加急而不柔也，处势不便，未足以逞其能也。今处昏上乱相之间而欲无惫，奚可得邪？此比干之见剖心征也夫！"

孔子穷于陈、蔡之间，七日不火食，左据槁木，右击槁枝，而歌焱氏⑤之风，有其具而无其数，有其声而无宫角，木声与人声，犁然有当于人之心。

颜回端拱还，目而窥之。仲尼恐其广己而造大也，爱己而造哀也，曰："回，无受天损易，无受人益难。无始而非卒也，人与天一也。夫今

①　"腾"，《经典释文》引作"滕"，注云："滕，本亦作'腾'。"

②　"王长"，成玄英疏："犹自得也。"

③　"逢"，唐写本、道藏本亦作"逢"。成玄英疏作"逢"，覆宋本、世德堂本作"蓬"。王叔岷说："逢乃逢之俗变，蓬、逢古通。"

④　"睥"，一作"眄"。成玄英疏："睥睨，犹斜视。字亦有作'眄'字者。"

⑤　"焱氏"，成玄英疏："神农也。"见《庄子·天运》。《经典释文》引作"猋氏"。王叔岷认为"成疏是"，"猋乃焱之形误"。

之歌者，其谁乎？"

回曰："敢问无受天损易。"

仲尼曰："饥渴寒暑，穷桎不行，天地之行也，运物之泄也，言与之偕逝之谓也。为人臣者，不敢去之。执臣之道犹若是，而况乎所以待天乎？"

"何谓无受人益难？"

仲尼曰："始用四达，爵禄并至而不穷，物之所利，乃非己也，吾命有在外者也。君子不为盗，贤人不为窃，吾若取之，何哉？故曰：鸟莫知于鷾鸸，目之所不宜处，不给视，虽落其实，弃之而走。其畏人也，而袭诸人间，社稷存焉尔。"

"何谓无始而非卒？"

仲尼曰："化其万物而不知其禅之者，焉知其所终？焉知其所始？正而待之而已耳。"

"何谓人与天一邪？"

仲尼曰："有人，天也；有天，亦天也。人之不能有天，性也。圣人晏然体逝而终矣！"

庄周游乎雕陵之樊，睹一异鹊自南方来者，翼广七尺，目大运寸，感周之颡，而集于栗林。

庄周曰："此何鸟哉？翼殷不逝，目大不睹。"褰裳躩步^①，执弹而留之。睹一蝉，方得美荫而忘其身，螳螂执翳而搏之，见得而忘其形。异鹊从而利之，见利而忘其真。

庄周怵然曰："噫！物固相累，二类相召也！"捐弹而反走，虞人逐而谇^②之。

庄周反入，三月不庭^③。蔺且从而问之："夫子何为顷间甚不庭乎？"

庄子曰："吾守形而忘身，观于浊水而迷于清渊。且吾闻诸夫子曰：'入其俗，从其俗^④。'今吾游于雕陵而忘吾身，异鹊感吾颡，游于栗林而忘真，栗林虞人以吾为戮，吾所以不庭也。"

阳子之宋，宿于逆旅。逆旅人有妾二人，其

---

① "躩步"，成玄英疏："犹疾行也。"

② "谇"，《经典释文》："谇，本又作'讯'。"

③ "三月"，《经典释文》："一本作'三日'。""庭"，王念孙《读书杂志》："'庭'当读为'逞'。'不逞'，不快也。"

④ "俗"，郭象注："不违其禁令。"成玄英疏："夫达者同尘入俗，俗有禁令，从而行之。"后世版本有作"令"者。王叔岷说："《淮南子·齐物篇》：'入其国者从其俗'，则与今本此文作'从其俗'合。"

一人美，其一人恶，恶者贵而美者贱。

阳子问其故，逆旅小子①对曰："其美者自美，吾不知其美也；其恶者自恶，吾不知其恶也。"

阳子曰："弟子记之，行贤而去自贤之行②，安往而不爱哉！"

田子方第二十一

田子方侍③坐于魏文侯，数称溪工。

文侯曰："溪工，子之师邪？"

子方曰："非也，无择之里人也。称道数当，故无择称之。"

文侯曰："然则子无师邪？"

---

① "逆旅小子"，《韩非子·说林上》作"逆旅之父"。

② "自贤之行"，《韩非子·说林上》作"自贤之心"。

③ "侍"，原卷作"待"，彳、亻，有时不分。

老子（白文本） 庄子（白文本）

子方曰："有。"

曰："子之师谁邪？"

子方曰："东郭顺子。"

文侯曰："然则夫子何故未尝称之？"

子方曰："其为人也真，人貌而天①，虚缘而葆②真，清而容物。物无道，正容以悟之，使人之意也消，无择何足以称之！"

子方出，文侯傥然终日不言，召前立臣而语之曰："远矣，全德之君子，始吾以圣知之言、仁义之行为至矣。吾闻子方之师，吾形解而不欲动，口钳而不欲言。吾所学者真③土梗耳，夫魏

---

① "人貌而天"，郭象注："虽貌与人同，而独任自然。"俞樾《诸子平议·庄子》说："郭注以'人貌而天'四字为句，殆失其读也。此当以'人貌而天虚'为句，'人貌天虚'，相对成义。'缘而葆真'为句，与'清而容物'相对成义。'虚'者，孔窍也。……学者不达'虚'字之义，误属下读，则'人貌而天'句文义不完。"王叔岷说："俞氏以'虚'字属上绝句，王氏《集解》、马氏《故》、钱《纂笺》皆从之。惟《庄子》例以天、人对言，'天虚'一词，殊无他例。……《德充符篇》：'有人之形，无人之情。'《秋水篇》：'天在内，人在外。'皆'人貌而天'之义也。……仍当从旧读为长。"

② "葆"，《经典释文》："本亦作'保'。"

③ "真"，《经典释文》引作"直"，注云："本亦作'真'。下句同。元嘉本此作'真'，下句作'直'。"

真为我累耳！"

温伯雪子适齐，舍于鲁。

鲁人有请见之者，温伯雪子曰："不可。吾闻中国之君子，明乎礼义而陋于知人心，吾不欲见也。"

至于齐，反舍于鲁，是人也又请见。

温伯雪子曰："往也蕲见我，今也又蕲见我，是必有以振我也。"

出而见客，入而叹。

明日见客，又入而叹。

其仆曰："每见之客也，必入而叹，何邪？"

曰："吾固告子矣：'中国之民，明乎礼义而陋乎知人心。'昔之见我者，进退一成规，一成矩，从容一若龙，一若虎，其谏我也似子，其道我也似父，是以叹也。"

仲尼见之而不言。子路曰："吾子欲见温伯雪子久矣，见之而不言，何邪？"

仲尼曰："若夫人者，目击而道存矣，亦不可以容声矣。"

颜渊问于仲尼曰："夫子步，亦步；夫子

趋，亦趋；夫子驰，亦驰；夫子奔逸绝尘，而回瞠若乎后矣！"

夫子曰："回，何谓邪？"

曰："夫子步，亦步也；夫子言，亦言也；夫子趋，亦趋也；夫子辩，亦辩也；夫子驰，亦驰也；夫子言道，回亦言道也；及奔逸绝尘，而回瞠若乎后者。夫子不言而信，不比而周，无器而民滔乎前，而不知所以然而已矣。"

仲尼曰："恶！可不察与！夫哀莫大于心死，而人死亦次之。日出东方，而入于西极。万物莫不比方。有目有趾者，待是而后成功，①是出则存，是入则亡。②万物亦然。有待也而死，有待也而生。吾一受其成形，而不化以待尽。效物而动，日夜无隙，而不知其所终，薰然其成形，知命不能规乎其前，丘以是日徂。吾终身与汝交一臂而失之，可不哀与？汝殆著乎吾所以著

---

① 此两句成玄英疏："夫人百体禀自阴阳，目见足行，资乎造化。若不待此，何以成功？""目"，《庄子·天地》作"首"。马叙伦《庄子义证》说："'目'当依《天地篇》作'首'。"

② 此两句成玄英疏："见日出谓之存，睹日入谓之亡。"

也。彼已尽矣，而汝求之以为有，是求马于唐肆也。吾服，汝也甚忘；汝服，吾也亦甚忘。虽然，汝奚患焉！虽忘乎故吾，吾有不忘者存。"

孔子见老聃，老聃新沐，方将被发而干，慹然似非人。

孔子便而待①之，少焉见，曰："丘也眩与？其信然与？向者先生形体掘若槁木，似遗物离人而立于独也。"

老聃曰："吾游于物之初。②"

孔子曰："何谓邪？"

曰："心困焉而不能知，口辟焉而不能言。尝为汝议乎其将。③至阴肃肃，至阳赫赫；肃肃出乎天，赫赫发乎地；两者交通成和，而物生焉，或为之纪，而莫见其形。消息满虚，一晦一

---

①　"待"，《经典释文》："待，或作'侍'。"

②　"吾游于物之初"，郭象注："游于物之初，然后明有物之不为而自有也。"成玄英疏："游心物初则是凝神妙本，所以形同槁木、心若死灰也。"道藏本、覆宋本、褚伯秀本、林希逸本、通行本作"吾游心于物之初"。

③　"尝为汝议乎其将"，章太炎《庄子解故》说："'尝为女议乎其将'者，尝为女说其大剂也。犹《知北游篇》云：'将为女言其崖略耳。'"

明，日改月化，日有所为，而莫见有①功。生有所乎萌，死有所乎归，始终相反乎无端，而莫知乎其所穷。非是也，且孰为之宗！"

孔子曰："请问游是。"

老聃曰："夫得是，至美至乐也。得至美而游乎至乐，谓之至人。"

孔子曰："愿闻其方。"

曰："草食之兽，不疾易薮；水生之虫，不疾易水。行小变而不失其大常也，喜怒哀乐不入于胸次。夫天下也者，万物之所，一也。得其所，一而同焉。则四肢百体，将为尘垢；而死生终始，将为昼夜，而莫之能滑。而况得丧祸福之所介乎！弃隶者若弃泥涂，知身贵于隶也，贵在于我而不失于变。且万化而未始有极也，夫孰足以患心！已为道者解乎此。"

孔子曰："夫子德配天地，而犹假至言以修心。古之君子，孰能脱焉？"

---

① "有"，道藏本、覆宋本、世德堂本、褚伯秀本、林希逸本、通行本均作"其"。郭象注："自尔故无功。"郭象注以"无"对应"莫有"，故此本与郭象注同。

老聃曰："不然。夫水之于汋①也，无为而才自然矣。至人之于德也，不修而物不能离焉。若天之自高，地之自厚，日月之自明，夫何修焉！"

孔子出，以告颜回曰："丘之于道也，其犹醯鸡与！微夫子之发吾覆也，吾不知天地之大全也。"

庄子见鲁哀公，哀公曰："鲁多儒士，少为先生方者。"

庄子曰："鲁少儒。"

哀公曰："举鲁国而儒服，何谓少乎？"

庄子曰："周闻之，儒者冠圜冠者，知天时；履句履②者，知地形；缓③佩玦者，事至而断。君子有其道者，未必为其服也；为其服者，未必知其道也。公固以为不然，何不号于国中

---

① "汋"，成玄英疏："汋，水也，澄湛也。言水之澄湛，其性自然，汲取利润，非由修学。至人玄德，其义亦然。"

② "履"，道藏本、覆宋本、世德堂本、林希逸本、通行本均作"屦"。《庄子·山木》："正緳系履而过魏王。"

③ "缓"，成玄英疏："缓者，五色条绳，穿玉玦以饰佩也。玦，决也。本亦有作'绶'字者。"《经典释文》："缓……司马本作'绶'。"

曰：'无此道而为此服者，其罪死！'"

于是哀公号之五日，而鲁国无敢儒服者，独有一丈夫儒服而立乎公门。公即召而问以国事，千转万变而不穷。

庄子曰："以鲁国而儒者一人耳。可谓多乎？"

百里奚爵禄不入于心，故饭牛而牛肥，使秦穆公忘其贱，与之政也。有虞氏死生不入于心，故足以动人。

宋元君将画图，众史皆至，受揖而立，舐笔和墨，在外者半。有一史后至者，僵僵然不趋，受揖不立，因之舍。公使人视之，则解衣般礴裸。

君曰："可矣，是真画者也。"

文王观于臧，①见一丈夫②钓，而其钓莫钓；非持其钓有钓者也，常钓也。

文王欲举而授之政，而恐大臣父兄之弗安

---

① "文王观于臧"，《经典释文》："司马本作'文王微服而观于臧'。"

② "丈夫"，《经典释文》："丈夫，本或作'丈人'。"

也；欲终而释之，而不忍百姓之无天也。

于是旦而属之大夫曰："昔者寡人梦见良人，黑色而頯，乘驳马而偏朱蹄，号曰：'寓而政于臧丈人，庶几乎民有瘳乎！'"

诸大夫蹴然曰："先君王也。"

文王曰："然则卜之。"

诸大夫曰："先君之命，王其无它，又何卜焉！"

遂迎臧丈人而授之政。典法无更，偏令无出。

三年，文王观于国，则列士坏植散群，长官者不成德，鈇鉄[1]不敢入于四境。列士坏植散群，则尚同也；长官者不成德，则同务也；鈇鉄不敢入于四境，[2]则诸侯无二心也。

文王于是焉以为大师，北面而问曰："政可以及天下乎？"

臧丈人昧然而不应，泛然而辞，朝令而夜遁，终身无闻。

----

① "鈇鉄"，《经典释文》："司马本作'鈇鉄'。"
② 此句成玄英疏："遐迩同轨，度量不入四境。"

颜渊问于仲尼曰："文王其犹未邪？又何以梦为乎？"

仲尼曰："默，汝无言，夫文王尽之也，而又何论刺焉！彼直以循斯须也。"

列御寇为伯昏无人射，引之盈贯，措杯水其肘上，发之，适矢复沓，方矢复寓。当是时，犹象人也。

伯昏无人曰："是射之射，非不射之射也。尝与汝登高山，履危石，临百仞之渊，若能射乎？"于是无人遂登高山，履危石，临百仞之渊，背逡巡，足二分垂在外，揖御寇而进之。御寇伏地，汗流至踵。

伯昏无人曰："夫至人者，上窥青天，下潜黄泉，挥斥八极，神气不变。今汝怵然有恂①目之志，尔于中也殆矣夫！"

肩吾问于孙叔敖②曰："子三为令尹而不荣华，三去之而无忧色。吾始也疑子，今视子之鼻

---

① "恂"，《经典释文》："恂，李又作'眴'。"
② "孙叔敖"，原卷作"叔孙敖"，据道藏本、覆宋本、世德堂本、褚伯秀本、林希逸本校改。下同改。

间栩栩①然，子之用心独奈何？”

孙叔敖曰：“吾何以过人哉！吾以其来不可却也，其去不可止也。吾以为得失之非我也，而无忧也而已矣。我何以过人哉！且不知其在彼乎，其在我乎？其在彼邪，亡乎我；在我邪，亡乎彼。方将踌躇，方将四顾，②何暇至乎人贵人贱哉！”

仲尼闻之曰：“古之真人，知者不得说，美人不得滥，盗人不得劫③，伏戏黄帝不得友。死生亦大矣，而无变乎己，况爵禄乎！若然者，其神经乎大山而无介，入乎渊泉而不濡，处卑细而不惫，充满天地，既以与人己愈有。”

楚王与凡君坐，少焉，楚王左右曰凡亡者三。

凡君曰：“凡之亡也，不足以丧吾存。夫凡之亡不足以丧吾存，则楚之存不足以存存。由是观之，则凡未始亡而楚未始存也。”

---

① “栩栩”，成玄英疏：“栩栩，欢畅之貌也。夫达者，毁誉不动，宠辱莫惊。”

② 此两句郭象注：“踌躇四顾，谓无可无不可。”成玄英疏：“踌躇是逸豫自得，四顾是高视八方。”

③ “劫”，《经典释文》：“元嘉本作‘却’。”

知北游第二十二

知北游于玄水之上①，登隐弅之丘，而适遭无为谓焉。知谓无为谓曰："予欲有问乎若：何思何虑则知道？何处何服则安道？何从何道则得道？"

三问，而无为谓不答也。非不答，不知答也。知不得问，反于白水之南，登狐阕之上，而睹狂屈焉。

知以之言也问乎狂屈，狂屈曰："唉！予知之，将语若。"中欲言而忘其所欲言。

知不得问，反于帝宫，见黄帝而问焉。黄帝曰："无思无虑始知道，无处无服始②安道，无从无道始得道。"

---

① "上"，《经典释文》："司马、崔本'上'作'北'。"

② "始"，原卷作"如"，据文意及道藏本、覆宋本、世德堂本、褚伯秀本、林希逸本校改。

知问黄帝曰："我与若知之，彼与彼不知也，其孰是邪？"

黄帝曰："彼无为谓真是也，狂屈似之，我与[1]汝终不近也。夫知者不言，言者不知，故圣人行不言之教。道不可致，德不可至。仁可为也，义可亏也，礼相伪也。故曰：'失道而后德，失德而后仁，失仁而后义，失义而后礼。'礼者，道之华而乱之首也。故曰：'为道者日损，损之又损之，以至于无为，无为而无不为也。'今已为物也，欲复归根，不亦难乎！其易也，其唯大人乎！生也死之徒，死也生之始，孰知其纪！人之生，气之聚也；聚则为生，散则为死。若死生为徒[2]，吾又何患！故万物一也。是其所美者为神奇，其所恶者为臭腐。臭腐复化为神奇，神奇复化为臭腐。故曰：'通天下一气耳。'圣人故贵一。"

知谓黄帝曰："吾问无为谓，无为谓不应

---

① "我与"，原卷作"与我"，据文意及道藏本、覆宋本、世德堂本、褚伯秀本、林希逸本校改。

② "徒"，原卷误作"走"，据道藏本、覆宋本、世德堂本、褚伯秀本、林希逸本校改。

我，非不我应，不知应我也。吾问狂屈，狂屈中欲告我而不我告，非不我告，中欲告而亡①之也。今予问乎若，若知之，奚故不近？”

黄帝曰：“彼其真是也，以其不知也；此其似之也，以其忘之也；予与若终不近也，以其知之也。”狂屈闻之，以黄帝为知言。

天地有大美而不言，四时有明法而不议，万物有成理而不说。圣人者，原天地之美而达万物之理。是故至人无为，大圣不作，观于天地之谓也。今彼神明至精，与彼百化。物已死生方圆，莫知其根也；②扁然而万物，③自古以固存。六合为巨，未离其内；秋豪为小，待之成体。天下莫不沉浮，终身不故；阴阳四时运行，各得其序；惽然若亡而存，油然不形而神，万物畜④而不知。此之谓本根，可以观于天矣。

---

① “亡”，道藏本、覆宋本、世德堂本、褚伯秀本、林希逸本、通行本均作“忘”。

② 此两句郭象注：“夫死者已自死，而生者已自生，圆者已自圆，而方者已自方，未有为其根者，故莫知。”

③ 此句成玄英疏：“扁然，遍生之貌也。言万物翩然，随时生育。”

④ “畜”，《经典释文》：“畜，本亦作‘滀’。”

　　啮缺问道乎被①衣，被衣曰："若正汝形，一汝视，天和将至；摄汝知，一汝度，神将来舍；德将为汝美，道将为汝居。汝瞳焉如新生之犊，而无求其故。②"言未卒，啮缺睡寐。

　　被衣大说，行歌而去之，曰："形若槁骸，心若死灰，真其实知，不以故自持。媒媒晦晦，无心而不可与谋，彼何人哉！"

　　舜问乎丞曰："道可得而有乎？"曰："汝身非汝有也，汝何得有夫道！"舜曰："吾身非吾有也，孰有之哉？"曰："是天地之委形也；生非汝有，是天地之委和也；性命非汝有，是天地之委顺也；孙子非汝有，是天地之委蜕也。故行不知所往，处不知所持，食不知所味。天地之强阳③气也，又胡可得而有邪！"

　　孔子问于老聃曰："今日晏闲，敢问至

---

　　① "被"，《经典释文》："被，音披，本亦作'披'。"
　　② 此句成玄英疏："瞳焉，无知直视之貌。故，事也。心既虚夷，视亦平直，故如新生之犊，于事无求也。"
　　③ "强阳"，郭象注："强阳，犹运动耳。明斯道也，庶可以遗身而忘生也。"

道。”老聃曰：“汝斋戒，疏瀹而心，澡雪[1]而精神，掊击而知。夫道窅然难言哉！将为汝言其崖略。

“夫昭昭生于冥冥，有伦生于无形，精神生于道，形本生于精，而万物以形相生。故九窍者胎生，八窍者卵生。其来无迹，其往无崖，无门无房，四达之皇皇也。邀于此者，四枝强，思虑恂达，耳目聪明，其用心不劳，其应物无方。天不得不高，地不得不广，日月不得不行，万物不得不昌，此其道与！

“且夫博之不必知，辩之不必慧，圣人以断之矣！若夫益之而不加益，损之而不加损者，圣人之所保也。渊渊乎其若海，魏魏乎其终则复始也，运量万物而不匮。则君子之道，彼其外与！万物皆往资焉而不匮，此其道与！

“中国有人焉，非阴非阳，处于天地之间，直且为人，将反于宗。自本观之，生者，暗醷[2]

---

① “疏瀹”“澡雪”，成玄英疏：“疏瀹，犹洒濯也。澡雪，犹精洁也。”

② “暗醷”，王先谦《庄子集解》：“李云：‘暗，音饮；醷，音意。暗醷，聚气貌。’”

物也。虽有寿夭，相去几何？须臾之说也，奚足以为尧、桀之是非！果蓏有理，人伦虽难，所以相齿。圣人遭之而不违，过之而不守。调而应之，德也；偶而应之，道也。帝之所兴，王之所起也。

"人生天地之间，若白驹之过隙，忽然而已。注然勃然，莫不出焉；油然漻然，莫不入焉。①已化而生，又化而死，生物哀之，人类悲之。解其天弢，堕其天帙，纷乎宛乎，魂魄将往，乃身从之，乃大归乎！不形之形，形之不形，②是人之所同知也，非将至之所务也，此众人之所同论也。彼至则不论，论则不至。明见无值，辩不若默。道不可闻，闻不若塞。此之谓大得。"

东郭子问于庄子曰："所谓道，恶乎在？"

庄子曰："无所不在。"

东郭子曰："期而后可。"

① 此句郭象注："出入者，变化之谓耳。言天下未有不变也。"
② "不形之形，形之不形"，郭象注："不形，形乃成；若形之，形则败其形矣。"成玄英疏："夫人之未生也，本不有其形，故从无形气聚而有其形，气散而归于无形也。"

庄子曰："在蝼蚁。"

曰："何其下邪？"

曰："在稊稗。"

曰："何其愈下邪？"

曰："在瓦甓。"

曰："何其愈甚邪？"

曰："在屎溺。"东郭子不应。

庄子曰："夫子之问也，固不及质。正获之问于监市履狶也，每下愈况。①汝唯莫必，无乎逃物。至道若是，大言亦然。周、遍、咸三者，异名同实，其指一也。尝相与游乎无何有之宫，同合而论，无所终穷乎！尝相与无为乎！澹而静乎！漠而清乎！调而闲乎！寥已吾志，无往焉而不知其所至，去而来不知其所止，吾已往来焉而不知其所终。彷徨乎冯闳，②大知入焉而不知其所穷。物物者与物无际，而物有际者，所谓物际

---

① 此句成玄英疏："正，官号也，则今之市令也。获，名也。监，市之魁也，则今屠卒也。狶，猪也。凡今问于屠人买猪之法，云：履践豕之股脚之间，难肥之处，愈知豕之肥瘦之意况也。"

② 此句成玄英疏："彷徨是放任之名，冯闳是虚旷之貌，谓入契会也。"

者也。不际之际，际之不际者也。谓盈虚衰杀，彼为盈虚非盈虚，彼为衰杀非衰杀，彼为本末非本末，彼为积散非积散也。"

婀荷甘与神农同学于老龙吉。神农隐几阖户昼瞑，婀荷甘日中㧖①户而入，曰："老龙死矣！"

神农隐几拥杖而起，曝然放杖②而笑，曰："天知予僻陋慢诞，故弃予而死。已矣！夫子无所发予之狂言③而死矣夫！"

弇堈吊闻之，曰："夫体道者，天下之君子所系焉。今于道，秋豪之端万分未得处一焉，而犹知藏其狂言而死，又况夫体道者乎！视之无形，听之无声，于人之论者，谓之冥冥，所以论道而非道也。"

于是泰清问乎无穷曰："子知道乎？"

无穷曰："吾不知。"

---

① "㧖"，成玄英疏："开也，亦排也。"

② "放杖"，《经典释文》引作"投杖"，注云："投杖，本亦作'放杖'。"成玄英疏："曝然，放杖声也。神农闻吉死，是以拥杖而惊；覆思死不足哀，故还放杖而笑。"

③ "狂言"，成玄英疏："狂言，犹至言也。非世人之所解，故名至言为狂也。"

又问乎无为，无为曰："吾知道。"

曰："子之知道，亦有数乎？"

曰："有。"

曰："其数若何？"

无为曰："吾知道之可以贵，可以贱，可以约，可以散，此吾所以知道之数也。"

泰清以之言也问乎无始曰："若是，则无穷之弗知与无为之知，孰是而孰非乎？"

无始曰："不知深矣，知之浅矣，弗知内矣，知之外矣。"

于是泰清中①而叹曰："弗知乃知乎？知乃不知乎？孰知不知之知？"

无始曰："道不可闻，闻而非也；道不可见，见而非也；道不可言，言而非也。知形形之不形乎，道不当名。"

无始曰："有问道而应之者，不知道也；虽问道者，亦未闻道。道无问，问无应。②无问问之，是问穷也；无应应之，是无内也。以无内待

---

① "中"，《经典释文》："崔本'中'作'卬'。"

② 此句郭象注："绝学去教，而归于自然之意也。"

问穷，若是者外不观乎宇宙，内不知乎太初。是以不过乎昆仑，不游乎太虚。"

光曜问乎无有曰："夫子有乎？其无有乎？"光曜不得问而孰视其状貌，窅然空然，终日视之而不见，听之而不闻，搏之而不得也。

光曜曰："至矣，其孰能至此乎！予能有无矣，而未能无无也。及为无有矣，何从至此哉！"

大马[①]之捶钩者，年八十矣，而不失豪芒。

大马曰："子巧与？有道与？"

曰："臣有守也。臣之年二十而好捶钩，于物无视也，非钩无察也。"

是用之者假不用者也，[②]以长得其用，而况乎无不用者乎？物孰不资焉？

冉求问于仲尼曰："未有天地可知邪？"

仲尼曰："可。古犹今也。"

冉求失问而退。明日复见，曰："昔者吾问：'未有天地可知乎？'夫子曰：'可，古犹

---

① "大马"，成玄英疏："大马，官号，楚之大司马也。"

② 此句成玄英疏："假赖于不用心视察他物故也。"

今也。'昔日吾昭然，今日吾昧然，敢问何谓也？"

仲尼曰："昔之昭然也，神者先受之；今之昧然也，且又为不神者求邪？无古无今，无始无终。未有子孙而有子孙可乎？"

冉求未对。仲尼曰："已矣，未应矣！不以生生死，不以死死生。死生有待邪？皆有所一体。有先天地生者物邪？物物者非物，物出不得先物也，犹其有物也。犹其有物也，无已。圣人之爱人也，终无已者，亦乃取于是者也。"

颜渊问乎仲尼曰："回尝闻诸夫子曰：'无有所将，无有所迎。'回敢问其游。"

仲尼曰："古之人外化而内不化，今之人内化而外不化。与物化者，一不化者也。安化安不化，安与之相靡，必与之莫多。稀①韦氏之囿，黄帝之圃，有虞氏之宫，汤武之室。君子之人，若儒墨者师，故以是非相齑②也，而况今

① "稀"，道藏本、覆宋本、世德堂本、褚伯秀本、林希逸本、通行本皆作"豨"。
② "齑"，通行本作"鳖"。郭象注："和也。"陈鼓应说："相齑，互相攻击的意思。郭注：'鳖，和也。'误。"

之人乎！圣人处物不伤物。不伤物者，物亦不能伤也。唯无所伤者，为能与人相将迎。山林与，皋壤与，使我欣欣然而乐与！乐未毕也，哀又继之。哀乐之来，吾不能御，其去弗能止。悲夫，世人直为物逆旅耳！夫知遇而不知所不遇，知能能而不能所不能。无知无能者，固人之所不免也。夫务免乎人之所不免者，岂不亦悲哉！至言去言，至为去为。齐知之所知，则浅矣。"

卷八

庚桑楚第二十三

老聃之役[1]，有庚桑楚者，偏得[2]老聃之道，以北居畏垒[3]之山，其臣之画然知者去之，其妾之挈[4]然仁者远之。拥肿之与居，鞅掌之为使。[5]

居三年，畏垒大壤[6]。

畏垒之民相与言曰："庚桑子之始来，吾

---

[1] "役"，成玄英疏："役，门人之称。古人事师，共其驱使，不惮艰危，故称役也。"

[2] "偏得"，成玄英疏："门人之中，庚桑楚最胜，故称偏得也。"林希逸《庄子口义》："偏得，独得也。"

[3] "畏垒"，《经典释文》："畏，本或作'嵔'，又作'猥'。""垒，崔本作'累'。"

[4] "挈"，《经典释文》："挈，本又作'契'。"

[5] 此句成玄英疏："拥肿、鞅掌，皆淳朴自得之貌也。斥弃仁智，淡然归实，故淳素之亡，与其同居，率性之人，供其驱使。"

[6] "壤"，道藏本、覆宋本、林希逸本作"穰"。《经典释文》引作"壤"，注云："本亦作'穰'。……《广雅》云：'丰也'。"

洒①然异之。今吾日计之而不足，岁计之而有余。庶几其圣人乎！子胡不相与尸而祝之，社而稷之乎？"

庚桑子闻之，南面而不释然。弟子异之。庚桑子曰："弟子何异于予？夫春气发而百草生，正得秋而万宝成。夫春与秋，岂无得而然哉？天道②已行矣。吾闻至人，尸居环堵之室，而百姓猖狂不知所如往。今以畏垒之细民，而窃窃焉欲俎豆予于贤人之间，我其杓之人邪！吾是以不释于老聃之言。"

弟子曰："不然。夫寻常之沟，巨鱼无所还其体，而鲵鳅为之制；步仞之丘陵，巨兽无所隐其躯，而蘖狐为之祥。且夫尊贤授能，先善与利，自古尧、舜以然，而况畏垒之民乎！夫子亦听矣！"

庚桑子曰："小子来！夫函车之兽，介而离山，则不免于网罟之患；吞舟之鱼，砀而失水，

---

① "洒"，《经典释文》："崔、李云：'惊貌。'"成玄英疏："洒，微惊貌也。"

② "天道"，《经典释文》引作"大道"，注云："大道，本或作'天道'。"

则蚁能苦之。故鸟兽不厌高，鱼鳖不厌深。夫全其形生之人，藏其身也，不厌深眇而已矣。且夫二子者，又何足以称扬哉！是其于辩也，将妄凿垣墙而殖蓬蒿也。简发而栉，数米而炊，窃窃乎又何足以济世哉！①举贤则民相轧，任知则民相盗。之数物者，不足以厚民。民之于利甚勤，子有杀父，臣有杀君，正昼为盗，日中穴阫。吾语汝，大乱之本，必生于尧、舜之间，其末存乎千世之后。②千世之后，其必有人与人相食者也！”

南荣趎蹴然正坐曰：“若趎之年者已长矣，将恶乎托业以及此言邪？”

庚桑子曰：“全汝形，抱汝生，无使汝思虑营营。若此三年，则可以及此言也。”

南荣③趎曰：“目之与形，吾不知其异也，

---

① 此句成玄英疏：“祖述尧、舜，私议窃窃，此盖小道，何足救世！”

② 此句郭象注：“尧、舜遗其迹，饰伪播其后，以致斯弊。”成玄英疏：“唐虞揖让之风，会成篡逆之乱。乱之根本，起自尧、舜，千载之后，其弊不绝。”

③ “荣”，原卷作“营”，据前文及道藏本、覆宋本、世德堂本、褚伯秀本、林希逸本校改。

而盲者不能自见；耳之与形，吾不知其异也，而聋者不能自闻；心之与形，吾不知其异也，而狂者不能自得。形之与形亦辟矣，而物或间之邪，欲相求而不能相得？今谓趎曰：'全汝形，抱汝生，勿使汝思虑营营。'趎勉①闻道达耳矣！"

庚桑子曰："辞尽矣。曰奔蜂不能化藿蠋，越鸡不能伏鹄卵，鲁鸡固能矣。鸡之与鸡，其德非不同也，有能与不能者，其才固有巨小也。今吾才小，不足以化子。子胡不南见老子？"

南荣趎赢粮，七日七夜至老子之所。

老子曰："子自楚之所来乎？"

南荣趎曰："唯。"

老子曰："子何与人偕来之众也？"

南荣趎惧然顾其后。老子曰："子不知吾所谓乎？"

南荣趎俯而惭，仰而叹曰："今者吾忘吾

---

① "勉"，王叔岷《庄子校诠》引于省吾说："高山寺卷子本'勉'作'晚'，是也。上云'若趎之年者已长矣'，故曰'晚闻道达耳矣'。《渔父》：'惜哉子之蚤湛于人伪，而晚闻大道也。'可互证。"郭象注："早闻形隔，故难化也。"王叔岷说："早对晚而言，是郭本'勉'作'晚'。高山寺卷子本作'晚'，存郭本之旧。"

答，因失吾问①。"

老子曰："何谓也？"

南荣趎曰："不知乎？人谓我朱愚②。知乎？反愁我躯。不仁则害人，仁则反愁我身。不义则伤彼，义则反愁我己。我安逃此而可？此三言者，趎之所患也。愿因楚而问之。"

老子曰："向吾见若眉睫之间，吾因以得汝矣。今汝又言而信之。若规规然若丧父母，揭竿而求诸海也。汝亡人哉！惘惘乎！汝欲反汝情性而无由入，可怜哉！"

南荣趎请入就舍，召其所好，去其所恶，十日自愁③，复见老子。

老子曰："汝自洒濯，孰哉郁郁乎！然而

---

① "问"，《经典释文》："元嘉本'问'作'闻'。"

② "朱愚"，成玄英疏："朱愚，犹专愚，无知之貌也。"

③ 褚伯秀《南华真经义海纂微》说："自愁，一本作'息愁'，又作'愁息'，说俱未通，审详经意，犹《书》云'自怨自艾'之义。退处旬日，怨艾日前，为学不力，见道不明，今虽遇圣师卒难陶铸，至于洗心复见可谓有志而能自新矣。"

其中津津①乎犹有恶也。夫外韄者不可繁而捉，将内揵；内韄者不可缪而捉，将外揵。②外内韄者，道德不能持，而况放道而行者乎！"

南荣趎曰："里人有病，里人问之，病者能言其病，然其病病者，犹未病也。若趎之闻大道，譬犹饮药以加病③也，趎愿闻卫生之经而已矣。"

老子曰："卫生之经，能抱一乎？能勿失乎？能无卜筮而知吉凶乎？能止乎？能已乎？能舍诸人而求诸己乎？能翛然乎？能侗然乎？能儿子乎？儿子终日嗥而嗌不嗄，和之至也；终日握而手不掜，共其德也；终日视而目不瞋④，偏不在外也。行不知所之，居不知所为，与物委蛇，而同其波。是卫生之经已。"

---

① "津津"，《经典释文》："崔本作'律律'，云：'恶貌。'"

② 此句成玄英疏："韄者，系缚之名。揵者，关闭之目。繁者，急也。缪者，殷勤也。"

③ "加病"，《经典释文》："元嘉本作'知病'。崔本作'驾'，云：'加也。'"

④ "瞋"，成玄英疏："瞋，动也。"《经典释文》："瞋，字又作瞬……本或作瞑。"《一切经音义》引作"瞬"，王叔岷说："瞋、瞬，正、俗字。"

南荣趎曰："然则是至人之德已乎？"

曰："非也。是乃所谓冰解冻释者。夫至人者，相与交食乎地，而交乐乎天，不以人物利害相撄[①]，不相与为怪，不相与为谋，不相与为事，翛然而往，侗然而来。是谓卫生之经已。"

曰："然则是至乎？"曰："未也。吾固告汝曰：'能儿子乎？'儿子动不知所为，行不知所之，身槁木之枝[②]而心若死灰。若是者，祸亦不至，福亦不来。祸福无有，恶有人灾也！"

宇泰定者，发乎天光。发乎天光者，人见其人，〔物见其物〕[③]。人有修者，乃今有恒；有恒者，人舍之，天助之。人之所舍，谓之天民；天之所助，谓之天子。

学者，学其所不能学也；行者，行其所不能行也；辩者，辩其所不能辩也。知止乎其所不能

① "撄"，原卷作"撄"，据道藏本、覆宋本、世德堂本、褚伯秀本、林希逸本校改。

② "身槁木之枝"，道藏本、覆宋本、世德堂本、褚伯秀本、林希逸本、通行本均作"身若槁木之枝"。

③ "物见其物"，原卷无，据郭象注补。郭象注："天光自发，则人见其人，物见其物。物各自见而不见彼，所以泰然而定也。"

知，至矣；若有不即是者，天钧败之。

备物以将形，藏不虞以生心，敬中以达彼，若是而万恶至者，皆天也，而非人也，不足以滑成，不可内于灵台。灵台者有持，而不知其所持，而不可持者也。不见其诚己而发，每发而不当；业入而不舍，^①每更为失。

为不善乎显明之中者，人得而诛之，为不善乎幽间^②之中者，鬼得而诛之。明乎人，明乎鬼者，然后能独行。券^③内者，行乎无名；券外者，志乎期费。行乎无名者，唯庸有光；志乎期费者，唯贾人也。人见其跂，犹之魁然。

与物穷者，物入焉；与物且者，其身之不能容，焉能容人！不能容人者无亲，无亲者尽人。

兵莫憯于志，镆铘为下；寇莫大于阴阳，无

---

① 此句成玄英疏："业，事也。世事撄扰，每入心中，不达违从，故不能舍止。"

② "幽间"，《太平御览》卷六四五引作"幽闇"。褚伯秀《南华真经义海纂微》说："幽间，旧音闲，详上文显明之义，则此当是幽闇，传写欠笔。"马叙伦《庄子义证》说："《广弘明集》六引释道恒《释驳论》引《易》曰：'为不善于幽昧之中，鬼得而诛之。''幽昧'与'幽闇'义同，亦可证也。"

③ "券"，《经典释文》："券，字又作'卷'。"

所逃于天地之间。非阴阳贼之，心则使之也。

道通，其分也，其成也毁也。所恶乎分者，其分也以备；所以恶乎备者，其有以备。故出而不反，见其鬼；出而得，是谓得死。灭而有实，鬼之一也。以有形者象无形者而定矣。出无本，入无窍。有实而无乎处，有长而无乎本剽，有所出而无窍者有实。有实而无乎处者，宇也；有长而无本剽者，宙也。有乎生，有乎死；有乎出，有乎入。入出而无见其形，是谓天门。天门者，无有也，万物出乎无有。有不能以有为有，必出乎无有，而无有一无有。圣人藏乎是。

古之人，其知有所至矣。恶乎至？有以为未始有物者，至矣，尽矣，弗可以加矣。其次以为有物矣，将以生为丧也，以死为反也，是以分已。其次曰始无有，既而有生，俄①而死；以无有为首，以生为体，以死为尻；孰知有无死生之一守者，吾与之为友。是三者虽异，公族也。昭景也，著戴②也，甲氏也，著封也，非一也。

---

① "俄"，道藏本、覆宋本、世德堂本、褚伯秀本、林希逸本、通行本其前均多一"生"字。
② "戴"，《经典释文》："戴，本亦作'载'。"

有生，黬也，披然曰移是。尝言移是，非所言也。虽然，不可知者也。腊者之有膍胲，可散而不可散也；观室者周于寝庙，又适其偃焉，为是举移是。

请尝言移是，是以生为本，以知为师，因以乘是非；果有名实，因以己为质，使人以为己节，因以死偿节。若然者，以用为知，以不用为愚，以彻为名，以穷为辱。移是，今之人也，是蜩与鷽鸠①因于同也。

蹍②市人之足，则辞以放骜，兄则以妪，大亲则已矣，故曰：至礼有不人③，至义不物，至知不谋，至仁无亲，至信辟金。

彻志之勃，解心之谬，去德之累，达道之塞。贵富显严名利六者，勃志也。容动色理气意六者，谬心也。恶欲喜怒哀乐六者，累德也。去就取与知能六者，塞道也。此四六者不荡胸中则

---

① "鷽"，《经典释文》引作"学"，注云："本或作'鷽'。""鸠"，原卷误作"鸿"，据道藏本、覆宋本、世德堂本、褚伯秀本、林希逸本校改。

② "蹍"，成玄英疏："蹍，蹑也，履也。"

③ "不人"，郭象注："不人者，视人若己。视人若己则不相辞谢，斯乃礼之至也。"

正，正则静，静则明，明则虚，虚则无为而无不为也。

道者，德之钦也；生者，德之光也；性者，生之质也。性之动，谓之为；为之伪，谓之失。知者，接也；知者，谟也。知者之所不知，犹睨也。①动以不得已之谓德，动无非我之谓治，名相反而实相顺也。

羿工乎中微而拙乎使人无己誉。圣人工乎天而拙乎人。②夫工乎天而俍乎人者，唯全人能之。唯③虫能虫，唯虫能天。全人恶天？恶人之天？而况吾天乎人乎！

一雀适羿，羿必得之，威也。以天下为之笼，则雀无所逃。是故汤以庖人笼伊尹，秦穆公以五羊之皮笼百里奚。是故非以其所好笼之而可得者，无有也。

---

① 此句成玄英疏：“睨，视也。夫目之张视也，不知所以视而视，视有明暗，心之能知，不知所以知而知，而知有深浅。”

② 此句郭象注：“任其自然，天也。有心为之，人也。”

③ “唯”，《经典释文》：“一本‘唯’作‘虽’。”

介者拸画①，外非誉也；胥靡登高而不惧，遗死生也。夫复謵不馈②而忘人，忘人，因以为天人矣。故敬之而不喜，侮之而不怒者，唯同乎天和者为然。出怒不怒，则怒出于不怒矣；出为无为，则为出于无为矣。欲静则平气，欲神则顺心。有为也欲当，则缘于不得已，不得已之类，圣人之道。

徐无鬼第二十四

徐无鬼因女商见魏武侯，武侯劳之曰："先生病矣！苦于山林之劳，故乃肯见于寡人。"

徐无鬼曰："我则劳于君，君有何劳于我！君将盈嗜欲，长好恶，则性命之情病矣；君将黜

---

① "画"，原卷作"昼"，据道藏本、覆宋本、世德堂本、褚伯秀本、林希逸本校改。

② "复謵"，郭庆藩《庄子集释》引郭嵩焘曰："复謵，谓人语言慴伏以下我而我报之。""馈"，《经典释文》："元嘉本作'愧'。"

嗜欲，掔好恶，则耳目病矣。我将劳君，君有何劳于我！"武侯超然不对。①

少焉，徐无鬼曰："尝语君，吾相狗也。下之质②，执饱而止，是狸德也；中之质，若视③日；上之质，若亡其一④。吾相狗，又不若吾相马也。吾相马，直者中绳，曲者中钩，方者中矩，圆者中规，是国马也，而未若天下马也。天下马有成材⑤，若恤若失⑥，若丧其一。若是者，超轶绝尘，不知其所。"武侯大悦而笑。

徐无鬼出，女商曰："先生独何以说⑦吾君乎？吾所以说吾君者，横说之则以《诗》《书》《礼》《乐》，从说之则以《金板》《六弢》。奉事而大有功者不可为数，而吾君未尝启齿。今

---

①　此句成玄英疏："超，怅也。既不称情，故怅然不答。"

②　"质"，《经典释文》："一本无'质'字。"

③　"视"，《经典释文》引作"示"，注云："司马本作'视'，云：'视日瞻远也。'"

④　"一"，成玄英疏："一，身也。"

⑤　"材"，《经典释文》："材，字亦作'才'。言自然已足，不须教习也。"

⑥　"失"，《经典释文》："失，音逸。司马本作'佚'。"

⑦　"说"，《经典释文》："司马作'悦'。"

先生何以说吾君，使吾君悦若此乎？"徐无鬼曰："吾直告之吾相狗马耳。"

女商曰："若是乎？①"

曰："子不闻夫越之流人乎？去国数日，见其所知而喜；去国旬月，见所尝见于国中者喜；及期年也，见似人者而喜矣。不亦去人滋久，思人滋深乎？夫逃②虚空者，藜藋柱乎鼪鼬之迳，踉位其空，闻人足音跫然而喜矣，有③况乎昆弟亲戚之謦欬其侧者乎！久矣夫，莫以真人之言謦欬吾君之侧乎！"

徐无鬼见武侯，武侯曰："先生居山林，食芧栗，厌葱韭，以宾寡人，久矣夫。今老邪？其欲干酒肉之味邪？其寡人亦有社稷之福邪？"

徐无鬼曰："无鬼生于贫贱，未尝敢饮食君之酒肉，将来劳君也。"

君曰："何哉！奚劳寡人？"

曰："劳君之神与形。"

①　此句成玄英疏："怪其术浅，故有斯问。"

②　"逃"，《经典释文》："逃，司马本作'巡'。"

③　"有"，道藏本、覆宋本、褚伯秀本、林希逸本、通行本均作"又"，世德堂本作"而"。

武侯曰：“何谓也①邪？”

徐无鬼曰：“天地之养也一，登高不可以为长，居下不可以为短。君独为万乘之主，以苦一国之民，以养耳目鼻口，夫神者不自许也。夫神者，好和而恶奸。夫奸，病也，故劳之。唯君所病之，何也？”

武侯曰：“欲见先生久矣。吾欲爱民而为义偃兵，其可乎？”

徐无鬼曰：“不可。爱民，害民之始也；为义偃兵，造兵之本也。君自此为之，则殆不成。凡成美，恶器也。②君虽为仁义，几且伪哉！形固造形，成固有伐，变固外战。君亦必无盛鹤列于丽谯之间，无徒骥于锱坛之宫，③无藏逆于得，无以巧胜人，无以谋胜人，无以战胜人。夫杀人之士民，兼人之土地，以养吾私与吾神者，其战不知孰善？胜之恶乎在？君若勿已矣！修

---

① “也”，道藏本、覆宋本、世德堂本、褚伯秀本、林希逸本、通行本均无。

② 此句郭象注：“美成于前，则伪生于后，故成美者，乃恶器也。”

③ “鹤列”“丽谯”“徒”，郭象注：“鹤列，陈兵也。丽谯，高楼也。步兵曰徒。”

胸中之诚，以应天地之情而勿撄①。夫民死已脱矣，君将恶乎用夫偃兵哉！"

黄帝将见大隗②乎具茨之山，方明为御，昌寓骖乘，张若、謵朋前马，昆阍、滑稽后车。至于襄城之野，七圣皆迷，无所问涂。

适遇牧马童子，问涂焉，曰："若知具茨之山乎？"曰："然。"

"若知大隗之所存乎？"曰："然。"

黄帝曰："异哉小童！非徒知具茨之山，又知大隗之所存。请问为天下。"

小童曰："夫为天下者，亦若此而已矣，又奚事焉！予少而自游于六合之内，予适有瞀病，有长者教予曰：'若乘日之车而游于襄城之野。'今予病少痊，予又且复游于六合之外。夫为天下亦若此而已。予又奚事焉！"

黄帝曰："夫为天下者，则诚非吾子之事。虽然，请问为天下。"小童辞。

---

① "撄"，原卷作"櫻"，据道藏本、覆宋本、世德堂本、褚伯秀本、林希逸本校改。

② "大隗"，《经典释文》："司马、崔本作'泰隗'。"

黄帝又问。小童曰："夫为天下者，亦奚以异乎牧马者哉！亦去其害马者而已矣！①"黄帝再拜稽首，称天师而退。

知士无思虑之变则不乐，辩士无谈说之序则不乐，察士无凌谇之事则不乐，皆囿于物者也。招世之士兴朝，中民之士荣官，筋力之士矜难，勇敢之士奋患，兵革之士乐战，枯槁之士宿名，法律之士广治，礼教之士敬容，仁义之士贵际。农夫无草莱之事则不比，商贾无市井之事则不比。庶人有旦暮之业则劝，百工有器械之巧则壮。钱财不积则贪者忧，权势不尤则夸者悲。势物之徒乐变，遭时有所用，不能无为也。②此皆顺比于岁，不物于易者也。驰其形性，潜之万物，终身不反，悲夫！

庄子曰："射者非前期而中，谓之善射，天下皆羿也，可乎？"惠子曰："可。"

庄子曰："天下非有公是也，而各是其所

---

① 此句郭象注："马以过分为害。"成玄英疏："害马者，谓分外之事也。夫治身莫先守分，故牧马之术可以养民。"

② 此句郭象注："凡此诸士，用各有时，时用则不能自已也。苟不遭时，则虽欲自用，其可得乎？故贵贱无常也。"

是，天下皆尧也，可乎？"惠子曰："可"。

庄子曰："然则儒、墨、杨、秉①四，与夫子为五，果孰是邪？或者若鲁遽者邪？其弟子曰：'我得夫子之道矣，吾能冬爨鼎而夏造冰②矣。'鲁遽曰：'是直以阳召阳，以阴召阴，非吾所谓道也。吾示子乎吾道。'于是为之调瑟，废一于堂，废一于室，鼓宫宫动，鼓角角动，音律同矣。夫或改调一弦，于五音无当也，鼓之，二十五弦皆动，未始异于声，而音之君已。且若是者邪？"

惠子曰："今夫儒、墨、杨、秉，且方与我以辩，相拂以辞，相镇以声，而未始吾非也，则奚若矣？"

庄子曰："齐人蹢③子于宋者，其命阍也不

---

① "杨、秉"，成玄英疏："杨，名朱。秉者，公孙龙字也。"

② "冰"，原卷误作"水"，据道藏本、覆宋本、世德堂本、褚伯秀本、林希逸本校改。

③ "蹢"，陈鼓应《庄子今注今译》引王念孙说："'蹢'，借为'擿'。'擿'，即今'掷'字。《说文》曰：'掷，投也。'"

以完，其求钘①钟也以束缚，其求唐子也，而未始出域，有遗类矣！②夫楚人寄而蹢閽者，夜半于无人之时而与舟人斗，未始离于岑而足以造于怨也。③"

庄子送葬，过惠子之墓，顾谓从者曰："郢人垩漫④其鼻端，若蝇翼，使匠石斫之。匠石运斤成风，听而斫之，尽垩而鼻不伤，郢人立不失容。宋元君闻之，召匠石曰：'尝试为寡人为之。'匠石曰：'臣则尝能斫之。虽然，臣之质死久矣。'自夫子之死也，吾无以为质矣！吾无与言之矣！⑤"

---

① "钘"，成玄英疏："钘，小钟也。"《经典释文》引《字林》："钘，似小钟而长颈。"

② 此句郭象注："唐，失也。失亡其子而不能远索，遗其气类，而亦未始自非。人之自是，有斯谬矣。"

③ "岑"，郭象注："岑，岸也。"此句成玄英疏："楚郢之人，因子客寄，近于江滨之侧，投蹢守门之家。夜半无人之时，辄入佗（他）人舟上，而船未离岑，已共舟人斗打，不怀恩德，更造怨辞，愚猥如斯，亦云我是。惠子之徒，此之类也。"

④ "漫"，《经典释文》引作"慢"，注云："慢，本亦作'漫'。"

⑤ 此两句成玄英疏："质，对也。匠石虽巧，必须不动之质；庄子虽贤，犹藉忘言之对。盖知惠子之亡，庄子丧偶，故匠人辍成风之妙响，庄子息濠上之微言。"

管仲有病，桓公问之，曰："仲父之病病矣，可不讳①云，至于大病，则寡人恶乎属国而可？"

管仲曰："公谁欲与？"

公曰："鲍叔牙。"

曰："不可。其为人洁廉善士也，其于不己若者不比之，又一闻人之过，终身不忘。使之治国，上且钩②乎君，下且逆乎民。其得罪于君也，将弗久矣！"

公曰："然则孰可？"

对曰："勿已，则隰朋可。其为人也，上忘而下畔③，愧不若黄帝而哀不己若者。以德分人谓之圣，以财分人谓之贤。④以贤临人，未有得人者也；以贤下人，未有不得人者也。其于国有不闻也，其于家有不见也。勿已，则隰朋可。"

---

① "讳"，原卷作"谓"。陈鼓应说："原作'谓'，江南古藏本作'讳'，《列子·力命篇》亦作'讳'，当据以改正。"

② "钩"，《经典释文》："钩，反也，亦作'拘'。"

③ "下畔"，宣颖《南华经解》说："《列子》作'下不畔'，此处漏一'不'字。"

④ 此句成玄英疏："圣人以道德拯物，贤人以财货济人也。"

吴王浮于江，登乎狙之山。众狙见之，恂然弃而走，逃于深蓁。有一狙焉，委蛇攫抓①，见巧乎王。王射之，敏给②搏捷矢。王命相者趋射之，狙执死。王顾谓其友颜不疑曰："之狙也，伐其巧、恃其便以敖予，以至此殛也。戒之哉！嗟乎！无以汝色骄人哉！"颜不疑归而师董梧，以锄其色，去乐辞显，三年而国人称之。

南伯子綦隐几而坐，仰天而嘘。颜成子入见，曰："夫子，物之尤也。形固可使若槁骸，心固可使若死灰乎？"曰："吾尝居山穴之口矣，当是时也，田禾一睹我，而齐国之众三贺之。我必先之，彼故知之；我必卖之，彼故鬻之。若我而不有之，彼恶得而知之？若我而不卖之，彼恶得而鬻之？嗟乎！我悲人之自丧者，吾又悲夫悲人者，吾又悲夫悲人之悲者，其后而日远矣。"

仲尼之楚，楚王觞之，孙叔敖执爵而立，市

---

① "抓"，《经典释文》引作"揪"，注云："本又作'搔'。"

② "敏给"，俞樾《诸子平议·庄子》说："'敏给'二字同义，《后汉书·郦炎传》：'言论给捷。'李贤注曰：'给，敏也。'是其证。"

南宜僚受酒而祭曰："古之人乎！于此言已。"曰："丘也闻不言之言矣，未之尝言，于此乎言之。市南宜僚弄丸而两家之难解，孙叔敖甘寝秉羽而郢人投兵，丘愿有喙三尺[①]。"

彼之谓不道之道，此之谓不言之辩，故德总乎道之所一。而言休乎知之所不知，至矣。道之所一者，德不能同[②]也；知之所不能知者，辩不能举也，名若儒墨而凶矣。故海不辞东流，大之至也；圣人并包天地，泽及天下，而不知其谁氏。是故生无爵，死无谥，实不聚，名不立，此之谓大人。[③]狗不以善吠为良，人不以善言为贤，而况为大乎！夫为大不足以为大，而况为德乎！夫大备矣，莫若天地，然奚求焉而大备矣。知大备者，无求，无失，无弃，不以物易己也。反己而不穷，循古而不摩[④]，大人之诚。

---

① 此句成玄英疏："喙，口也。苟其言当，即此无言。假余喙长三尺，与闭口何异，故愿有之也。"

② "同"，覆宋本作"周"，成玄英疏："本有作'同'字者，言德有优劣，未能同道也。"

③ 此句成玄英疏："总结以前。忘于名谥之士，可谓大德之人。"

④ "摩"，《经典释文》："摩，一本作'麽'。"

子綦有八子，陈诸前，召九方歅曰："为我相吾子，孰为祥？"

九方歅曰："梱也为祥。"

子綦瞿①然喜，曰："奚若？"

曰："梱也将与国君同食，以终其身。"

子綦索然出涕曰："吾子何为以至于是极也！"

九方歅曰："夫与国君同食，泽及三族，而况父母乎！今夫子闻之而泣，是御福也。子则祥矣，父则不祥。"

子綦曰："歅！汝何足以识之，而梱祥邪？尽于酒肉，入于鼻口矣，而何足以知其所自来？吾未尝②为牧，而牂生于奥；未尝好田，而鹑生于宎。若勿怪，何邪？吾所与吾子游者，游于天地。吾与之邀乐于天，吾与之邀食于地。吾不与之为事，不与之为谋，不与之为怪。吾与之乘天地之诚，而不以物与之相撄③；吾与之一委蛇，

---

① "瞿"，《经典释文》："本亦作'戄'。"

② "尝"，《经典释文》："本或作'曾'。"

③ "撄"，原卷作"樱"，据道藏本、覆宋本、褚伯秀本、林希逸本校改。

而不与之为事所宜。今也，然有世俗之偿焉！凡有怪征者，必有怪行。殆乎！非我与吾子之罪，几天与之也。吾是以泣也。"

无几何，而使梱之于燕，盗得之于道，全而鬻之则难，不若刖之则易，于是乎刖而鬻之于齐，适当渠公之街①，然身食肉而终。

啮缺遇许由，曰："子将奚之？"

曰："将逃尧。"

曰："奚谓邪？"

曰："夫尧畜畜然仁，吾恐其为天下笑。后世其人与人相食与！夫民，不难聚也。爱之则亲，利之则至，誉之则劝，致其所恶则散。爱、利出乎仁义，捐仁义者寡，利仁义者众。夫仁义之行，唯且无诚，且假夫禽贪者器。是以一人之断制利天下，譬之犹一觇也。②夫尧知贤人之利天下也，而不知其贼天下也，夫唯外乎贤者知

① "当""渠""街"，孙诒让《札迻·庄子》说："'当'，当为掌；'渠'，当为康。齐康公名贷，见《史记·齐世家》。……'街'，当为阓。"《经典释文》："街……一本作'术'。"按，街、阓（术）形近。

② 此句成玄英疏："觇，割也。若以一人制服天下，譬犹一刀割于万物，其于损伤，彼此多矣。"

之矣！"

有暖姝者，有濡需者，有卷娄者。所谓暖姝者，学一先生之言，则暖暖姝姝而私自悦也，自以为足矣，而未知未始有物也，是以谓暖姝者也。

濡需者，豕虱是也，择疏鬣自以为广宫大囿，奎蹄曲隈，乳间股脚，自以为安室①利处，不知屠者之一旦鼓臂布草操烟火，而己与豕俱焦也。此以域进，此以域退，此其所谓濡需者也。

卷娄者，舜也。羊肉不慕蚁，蚁慕羊肉，羊肉膻也。舜有膻行，百姓悦之，故三徙成都，至邓之墟②而十有万家。尧闻舜之贤，举之童土之地，曰冀得其来之泽。舜举乎童土之地，年齿长矣，聪明衰矣，而不得休归，所谓卷娄者也。

是以神人恶众至，众至则不比，不比则不利也。故无所甚亲，无所甚疏，抱德炀和，以顺天下，此谓真人。

---

① "安室"，《经典释文》引作"暖室"，注云："一本作'安室'。"
② "墟"，世德堂本作"虚"，《经典释文》亦引作"虚"，注云："虚，音墟，本又作'墟'。"王叔岷说："虚、墟，正、俗字。"

于蚁弃知，于鱼得计，于羊弃意。以目视目，以耳听耳，以心复心。若然者，其平也绳，其变也循。古之真人，以天待之，不以人入天。古之真人，得之也生，失之也死；得之也死，失之也生。药也。其实堇也，桔梗也，鸡壅①也，豕零也，是时为帝者也，何可胜言！

勾践也以甲楯三千栖于会稽，唯种也能知亡之所以存②，唯种也不知其身之所以愁。故曰：鸱目有所适，鹤胫有所节，解之也悲。故曰：风之过河也有损焉，日之过河也有损焉。请只风与日相与守河，而河以为未始其撄也，恃③源而往者也。

故水之守土也审，影之守人也审，物之守物也审。故目之于明也殆，耳之于聪也殆，心之于殉也殆。凡能其于府也殆，殆之成也不给改。祸

---

① "壅"，《经典释文》引作"癕"，注云："本或作'壅'，音同。司马云：'即鸡头也。'"陈鼓应本引作"癕"，注曰："本或作'壅'。"王叔岷说："'癕'即'癕'之隶变。"

② "所以存"，《经典释文》："本又作'可以存'。"此句成玄英疏："大夫种不去，为勾践所诛，但知国亡而可以存。"

③ "恃"，《经典释文》："本亦作'特'。"

之长也兹萃①，其反也缘功，其果也待久。而人以为己宝，不亦悲乎！故有亡国戮民无已，不知问是也。

故足之于地也践，虽践②，恃其所不蹍而后善博也；人之知也少，虽少，恃其所不知而后知天之所谓也。知大一，知大阴，知大目，知大均，知大方，知大信，知大定，至矣！大一通之，大阴解之，大目视之，大均缘之，大方体之，大信稽之，大定持之。尽有天，循有照，冥有枢，始有彼。则其解之也似不解之者，其知之也似不知之也，不知而后知之。其问之也，不可以有崖，而不可以无崖。颉滑有实，古今不代，而不可以亏，则可不谓有大扬搉乎？阖不亦问是已，奚惑然为！以不惑解惑，复于不惑，是尚大不惑。

---

① "兹"，成玄英疏作"滋"，"滋，多也"。"萃"，《经典释文》引作"莘"，注云："本又作'萃'。"郭象注："萃，聚也。"

② "践"，俞樾《诸子平议·庄子》说："两'践'字并当作'浅'，或字之误，或古通用也。"

则阳第二十五

则阳游于楚，夷节言之于王，王未之见，夷节归。

彭阳见王果曰："夫子何不谭①我于王？"

王果曰："我不若公阅休。"

彭阳曰："公阅休奚为者邪？"

曰："冬则擉②鳖于江，夏则休乎山樊。有过而问者，曰：'此予宅也。'夫夷节已不能，而况我乎！吾又不若夷节。夫夷节之为人也，无德而有知，不自许，以之神其交，固颠冥③乎富贵之地，非相助以德，相助消也。夫冻者假衣于春，暍者反冬乎冷风。夫楚王之为人也，形尊而

---

① "谭"，《经典释文》："本亦作'谈'。"

② "擉"，王叔岷说："擉，正作'籍'。"《周礼·天官·鳖人》："以时籍鱼、鳖、龟、蜃。"郑玄引郑司农注："籍，谓以权刺泥中搏取之。"

③ "颠冥"，王叔岷说："颠冥，亦作'滇暝'。"

严。其于罪也，无赦如虎。非夫佞人正德，其孰能桡①焉！故圣人其穷也，使家人忘其贫；其达也，使王公忘爵禄而化卑。其于物也，与之为娱矣；其于人也，乐物之通而保己焉。故或不言而饮，人以和，与人并立，而使人化。父子之宜，彼其乎归居，而一间其所施。其于人心，若是其远也。故曰：待公阅休。"

圣人达绸缪，周尽一体矣，而不知其然，性也。复命摇作，而以天为师，人则从而命之也。忧乎知，而所行恒无几时，其有止也，若之何！

生而美者，人与之鉴，不告则不知其美于人也。若知之，若不知之，若闻之，若不闻之，其可喜也终无已，人之好之亦无已，性也。圣人之爱人也，人与之名，不告则不知其爱人也。若知之，若不知之，若闻之，若不闻之，其爱人也终无已，人之安之亦无已，性也。

旧国旧都，望之畅然。虽使丘陵草木之缗，入之者十九，犹之畅然。况见见闻闻者也，以十

①　"桡"，道藏本、褚伯秀本、林希逸本均作"挠"。陈鼓应说："桡，'挠'的借字，挠屈的意思。"

仞之台县众间者也。

冉相氏得其环中以随成，与物无终无始，无几无时。日与物化者，一不化者也，阖尝舍之！夫师天而不得师天，与物皆殉[1]，其以为事也若之何？夫圣人未始有天，未始有人，未始有始，未始有物[2]，与世偕行而不替，所行之备而不洫，其合之也若之何？

汤得其司御门尹登恒，为之傅之，从师而不囿，得其随成，为之司其名，之名嬴法，得其两见。仲尼之尽虑，为之傅之。容成氏曰："除日无岁，无内无外。"

魏莹[3]与田侯牟约，田侯牟背之。魏莹怒，将使人刺之。

---

[1] "殉"，道藏本作"徇"。王叔岷说："徇、殉，正、俗字。"

[2] "物"，据章太炎所考，当作"殇"。章太炎《庄子解故》说："始、物相对为文，犹上天、人相对为文也。物即物故之物，正当作'殇'。《说文》：'殇，终也。'始、终语相对。"

[3] "莹"，《经典释文》："莹，郭本作'莹'……今本多作'罃'。"

犀首〔公孙衍〕①闻而耻之，曰："君为万乘之君也，而以匹夫从仇。衍请受甲二十万，为君攻之，虏其人民，系其牛马，使其君内热发于背，然后拔其国。忌也出走，然后抶其背，折其脊。"

季子闻而耻之，曰："筑十仞之城，城者既十仞矣，则又坏之，此胥靡之所苦也。今兵不起七年矣，此王之基也。衍，乱人，不可听也。"

华子闻而丑之，曰："善言伐齐者，乱人也；善言勿伐者，亦乱人也；谓'伐之与不伐乱人也'者，又乱人也。"

君曰："然则若何？"

曰："君求其道而已矣。"

惠子闻之，而见戴晋人。

戴晋人曰："有所谓蜗者，君知之乎？"

曰："然。"

"有国于蜗之左角者，曰触氏；有国于蜗之

---

① "公孙衍"，道藏本、覆宋本、世德堂本、褚伯秀本、林希逸本均无此三字，兹据成玄英疏补。成玄英疏："犀首，官号也，如今虎贲之类。公家之孙名衍为此官也。"《经典释文》引司马彪说："若今虎牙将军，公孙衍为此官。"

右角，曰蛮氏。时相与争地而战，伏尸数万，逐北旬有五日而后反。"

君曰："噫！其虚言欤？"

曰："臣请为君实之。君以意在四方上下有穷乎？"

君曰："无穷。"

曰："知游心于无穷，而反在通达之国，若存若亡乎？"

君曰："然。"

曰："通达之中有魏，于魏中有梁，于梁中有王。王与蛮氏有辨①乎？"

君曰："无辨。"

客出，而君惝然若有亡也。

客出，惠子见。君曰："客，大人也，圣人不足以当之。"

惠子曰："夫吹管也，犹有嗃也；吹剑首

---

① "辨"，道藏本、覆宋本、世德堂本、褚伯秀本、林希逸本均作"辩"。陈鼓应说："辨，同'辩'。"成玄英疏："辨，别也。"王叔岷说："辨与辩通。《小尔雅·广言》：'辨，别也。'"

者，映而已矣。①尧、舜，人之所誉也。道尧、舜于戴晋人之前，譬犹一映也。"

孔子之楚，舍于蚁丘②之浆。其邻有夫妻臣妾登极者，子路曰："是稯稯③何为者邪？"

仲尼曰："是圣人仆④也。是自埋于民，自藏于畔。其声销⑤，其志无穷，其口虽言，其心未尝言，方且与世违，而心不屑与之俱。是陆沉者也，是其市南宜僚耶⑥？"

子路请往召之。孔子曰："已矣！彼知丘之著于已也，知丘之适楚也，以丘为必使楚王之召己也，彼且以丘为佞人也。夫若然者，其于佞人也羞闻其言，而况亲见其身乎！而何以为存？"

---

① 此句成玄英疏："嗃，大声；映，小声也。夫吹竹管，声犹高大；吹剑环，声则微小。"
② "蚁丘"，《经典释文》："李云：'蚁丘，山名。'"
③ "稯"，《经典释文》："本又作'稯'。"
④ "仆"，《经典释文》："司马本'仆'作'朴'，谓圣人坏朴也。"王叔岷说："司马本'仆'作'朴'，'朴'亦当借为'仆'。"
⑤ "销"，《经典释文》："销，音消。"成玄英疏作"消"："消，灭也。"
⑥ "耶"，道藏本、覆宋本、世德堂本、林希逸本、通行本均作"邪"。

子路往视之，其室虚矣。

长梧封人问子牢曰："君为政焉勿卤莽，治民焉勿灭裂。昔予为禾，耕而卤莽之，则其实亦卤莽而报予；芸而灭裂之，其实亦灭裂而报予。予来年变齐，深其耕，而熟耰之，其禾繁以滋，予终年厌飧①。"

庄子闻之曰："今人之治其形，理其心，多有似封人之所谓，遁其天，离其性，灭其情，亡其神，以众为②。故卤莽其性者，欲恶之孽，为情萑苇、蒹葭，始萌以扶吾形，寻擢吾性。并溃漏发，不择所出，漂③疽疥痈，内热溲膏是也。"

柏矩学于老聃，曰："请之天下游。"

老聃曰："已矣! 天下犹是也。"

又请之，老聃曰："汝将何始?"曰："始于齐。"

至齐，见辜人焉，推而强之，解朝服而幕

---

① "飧"，《经典释文》引作"飱"，注云："飱，音孙。本又作'飧'。"

② "众为"，《经典释文》："司马本作'为伪'。"

③ "漂"，《经典释文》："漂，本亦作'瘭'。……瘭疽，谓病疮脓出也。"

之，号天而哭之曰："子乎！子乎！天下有大菑，子独先离之，曰莫为盗！莫为杀人！荣辱立，然后睹所病；货财聚，然后睹所争。今立人之所病，聚人之所争，穷困人之身，使无休时，欲无至此，得乎？

"古之君人者，以得为在民，以失为在己；以正为在民，以枉为在己。故一形有失其形者，退而自责。今则不然。匿为物而愚①不识，大为难而罪不敢，重为任而罚不胜，远其途而诛不至。民知力竭，则以伪继之，日出多伪，士民安取不伪！夫力不足则伪，知不足则欺，财不足则盗。盗窃之行，于谁责而可乎？"

蘧伯玉行年六十而六十化，未尝不始于是之而卒诎之以非也，未知今之所谓是之非五十九非也。万物有乎生而莫见其根，有乎出而莫见其门。人皆尊其知之所知，而莫知恃其知之所不知而后知，可不谓大疑乎！已乎！已乎！且无所

---

① "愚"，《经典释文》："愚，一本作'遇'。"俞樾《诸子平议·庄子》说："遇，疑'过'字之误。……'过'误为'遇'，又臆改为'愚'耳。"王叔岷说："曩谓当从《释文》作'遇'之义为长，今案俞氏以为'过'字之误，其说更精。过、遇二字古多互讹。"

逃。此①所谓然与，然乎？

仲尼问于太史大弢、伯常骞、狶韦曰："夫卫灵公饮酒湛乐，不听国家之政；田猎毕弋，不应诸侯之际，其所以为灵公者，何邪？"

大弢曰："是因是也。"

伯常骞曰："夫灵公有妻三人，同滥而浴。史鳅奉御而进所，搏币而扶翼。其慢若彼之甚也，见贤人若此其肃也，是其所以为灵公也。"

狶韦曰："夫灵公也，死卜葬于故墓不吉，卜葬于沙丘而吉。掘之数仞，得石椁焉，洗而视之，有铭焉，曰：'不冯其子，灵公夺而埋之。'夫灵公之为灵也久矣！之二人何足以识之。"

少知问于太公调曰："何谓丘里之言？"太公调曰："丘里者，合十姓百名而以为风俗也，合异以为同，散同以为异。今指马之百体而不得马，而马系于前者，立其百体而谓之马也。是故

---

① "此"，世德堂本作"此则"。

丘山积卑而为高，江河合水①而为大，大人合并而为公。是以自外入者，有主而不执；由中出者，有正而不距。四时殊气，天不赐，故岁成；五官殊职，君不私，故国治；文武②大人不赐，故德备；万物殊理，道不私，故无名。无名故无为，无为而无不为。时有终始，世有变化。祸福淳淳，至有所拂者而有所宜；自殉殊面，有所正者有所差。比于大泽，百材皆度；观乎大山，木石同坛。此之谓丘里之言。"

少知曰："然则谓之道，足乎？"太公调曰："不然。今计物之数，不止于万，而期曰万

----

①　"合水"，《经典释文》："合水，一本作'合流'。"俞樾《诸子平议·庄子》说："'水'乃'小'字之误。'卑''高''小''大'，相对成文。"

②　"文武"，宣颖《南华经解》："'文武殊材'，一本缺'殊材'字。"王先谦《庄子集解》说："宣本'武'下有'殊材'二字，文似有阙，而郭本已无，《释文》、成《疏》皆然，自系后人增窜。"郭象注："文者自文，武者自武，非大人所赐也，若由赐而能，则有时而阙矣。"成玄英疏："文相武将，量才授职，各任其能，非圣与也。无私于物，故道德圆备。"王叔岷说："案，郭《注》、成《疏》云云，疑正文'文武'下本有'殊能'二字。'文武殊能'，与上文'四时殊气''五官殊职'、下文'万物殊理'句例一律。"吕惠卿注作"文武殊才，大人不赐，故德备"。其中"殊才"，与宣颖本"殊材"同。

物者，以数之多者，号而读之也。是故天地者，形之大者也；阴阳者，气之大者也。道者为之公，因其大以号而读之则可也，已有之矣，乃将得比哉？则若以斯辩，譬犹狗马，其不及远矣。"

少知曰："四方之内，六合之里，万物之所生恶起？"太公调曰："阴阳相照、相盖①、相治，四时相代、相生、相杀。欲恶去就，于是桥②起；雌雄片合，于是庸有。安危相易，祸福相生，缓急相摩，聚散以成。此名实之可纪，精③之可志也。随序之相理，桥运之相使，穷则反，终则始。此物之所有，言之所尽，知之所至，极物而已。睹道之人，不随其所废，不原其所起，此议之所止。"

少知曰："季真之莫为，接子之或使，二家之议，孰正于其情，孰遍于其理？"太公调曰："鸡鸣狗吠，是人之所知。虽有大知，不能

---

① "盖"，俞樾《诸子平议·庄子》说："盖，当读为害。……'盖''害'，古字通。"
② "桥"，成玄英疏作"矫"："矫，起貌也。"
③ "精"，覆宋本作"精微"。

以言读其所自化，又不能以意其所将为。斯而析之，精至于无伦，大至于不可围，或之使，莫之为，未免于物，而终以为过。或使则实，莫为则虚。有名有实，是物之居；无名无实，在物之虚。可言可意，言而愈疏，未生不可忌，已死不可阻①。死生非远也，理不可睹。或之使，莫之为，疑之所假。吾观之本，其往无穷；吾求之末，其来无止。无穷无止，言之无也，与物同理；或使莫为，言之本也，与物终始。道不可有，有不可无。道之为名，所假而行。或使莫为，在物一曲，夫胡为于大方？言而足，则终日言而尽道；言而不足，则终日言而尽物。道物之极，言默不足以载。非言非默，议有所极②。"

---

　　① "阻"，《经典释文》引作"徂"，注云："徂，一本作'阻'"。

　　② "议有所极"，世德堂本、褚伯秀本、宣颖《南华经解》、王先谦《庄子集解》均作"议其有极"。

卷九

外物第二十六

外物不可必，故龙逢诛，比干戮，箕子狂，恶来死，桀、纣亡。人主莫不欲其臣之忠，而忠未必信，故伍员流于江，苌弘死于蜀，藏其血三年而化为碧①。人亲莫不欲其子之孝，而孝未必爱，故孝己忧而曾参悲。木与木相摩则然，金与火相守则流。阴阳错行，则天地大絯，于是乎有雷有霆，水中有火，乃焚大槐。有甚忧两陷而无所逃，螴蜳不得成，心若县②于天地之间，慰暋沉屯，利害相摩，生火甚多，众人焚和，月固不胜火，于是乎有僓然而道尽。

---

① "而化为碧"，《经典释文》："而化为碧，《吕氏春秋》'藏其血三年，化为碧玉'。"王叔岷说："《释文》引《吕氏春秋》'化为碧玉'，'玉'字盖意增，今本作'而为碧'，'而'下盖脱'化'字。"

② "县"，褚伯秀本作"悬"。王叔岷说："日本古钞本'县'作'悬'。县、悬，正、俗字。"

庄周家贫，故往贷粟于监河侯①。监河侯曰："诺。我将得邑金，将贷子三百金，可乎？"庄周忿然作色曰："周昨来，有中道而呼者。周顾视车辙中，有鲋鱼焉。周问之曰：'鲋鱼来！子何为者邪？'对曰：'我，东海之波臣也。君岂有斗升之水而活我哉？'周曰：'诺。我且南游吴越之王②，激西江之水而迎子③，可乎？'鲋鱼忿然作色曰：'吾失我常与，我无所处。吾得斗升之水然④活耳，君乃言此，曾不如早索我于枯鱼之肆！'"

---

① "监河侯"，成玄英疏："监河侯，魏文侯也。"《经典释文》："监河侯……《说苑》作'魏文侯'。"
② "王"，褚伯秀说："详义考文，粗得其意。'王'字元应是'土'误加首画耳。"王叔岷说："'王'必非误字，盖传写者不知'游'即游说，乃改'王'为'土'耳。"
③ "激""子"，《事文类聚·后集》卷三四引"激"作"决"，"子"作"汝"。
④ "然"，《艺文类聚》卷三五引作"为"。

　　任公子为大钩①巨缁②，五十犗以为饵，蹲乎会稽，投竿③东海，旦旦而钓，期年不得鱼。已而大鱼食之，牵巨钩，錎④没而下，惊⑤扬而奋鬐，白波若山，海水震荡，声侔鬼神，惮赫千里。任公子得若鱼，离而腊之，自制⑥河以东，苍梧已北，莫不厌若鱼者。已而后世辁⑦才讽说

　　① "钩"，《经典释文》："钩，本亦作'钓'。"王叔岷《庄子校诠》引王念孙说："钩，本作'钓'，'钓'即'钩'也。今本作'钩'者，后人但知'钓'为钓鱼之'钓'，而不知其为'钩'之异名，故以意改之也。"

　　② "缁（緇）"，道藏本、覆宋本、世德堂本、林希逸本、通行本均作"缁"，《经典释文》亦引作"缁"，注云："巨缁，司马云：'大黑纶也。'"王叔岷说："《文选·七里濑诗》注、《御览》八三四引'缁'并作'纶'，疑据司马《注》改之。"

　　③ "竿"，王叔岷说："古钞卷子本无'竿'字，旁注'一本有竿字'。"《太平御览》卷八三四引，无"竿"字。

　　④ "錎"，通行本作"錎"，《经典释文》亦引作"錎"，注云："錎，音陷。《字林》：'犹陷字也。'"

　　⑤ "惊"，世德堂本作"骛"，《经典释文》亦引作"骛"，注云："骛，徐音务。一本作'惊'。"

　　⑥ "制"，《太平御览》卷八三四、九三五引作"浙"。《经典释文》："制，诸设反，依字应作'浙'。……河，亦江也。北人名水皆曰河。……司马云：'浙江，今在会稽钱塘。'"

　　⑦ "辁"，《经典释文》："音权。李云：'辁，量人也。'本或作'軨'……又或作'轻'。"

之徒，皆惊而相告也。夫揭竿累①，趋②灌渎，守鲵鲋③，其于得大鱼难矣。饰小说以干县④令，其于大达亦远矣。是以未尝闻任氏之风俗⑤，其不可与经⑥于世亦远矣。

儒以《诗》《礼》发冢。大儒胪传曰："东方作矣，事之何若？"小儒曰："未解裙襦，口中有珠。《诗》固有之曰：'青青之麦，生于陵陂⑦。生不布施，死何含珠为？'接其鬓，擫⑧

① "累"，《经典释文》："司马云：'力追反，云纶也。'"

② "趋"，《经典释文》引作"趣"，注云："本又作'趋'。"

③ "鲋"，一作"蒲"。《经典释文》："鲋，音附，又音蒲。本亦作'蒲'。"王叔岷说："古钞卷子本'鲋'作'蒲'，旁注：'一本作鲋。'"

④ "县"，或作"悬"。成玄英疏："县，高也。夫修饰小行，矜持言说，以求高名令问（闻）者，必不能大通于至道。字作'县'字，古'悬'字多不著心。"

⑤ "俗"，褚伯秀说："'俗'字为冗，出于误笔。"

⑥ "经"，或作"任"。《淮南子·人间训》："则有以任于世矣。"

⑦ "生于陵陂"，《艺文类聚》卷八四、《太平御览》卷八〇三、《事类赋》卷九引，皆作"生陵之陂"。"陂"，或引作"阪""坂"。

⑧ "擫"，成玄英疏："擫，按也。"《经典释文》引作"压"，注云："压，本亦作'擫'。"

其巅，儒以金椎控其颐，徐别其颊，无伤口中珠！"

老莱子之弟子出〔取〕①薪，遇仲尼，反以告，曰："有人于彼，修上而趋下，末偻而后耳，视若营四海，不知其谁氏之子。"

老莱子曰："是丘也。召而来。"

仲尼至。曰："丘！去汝躬矜与汝容知，斯为君子矣。"

仲尼揖而退，蹙然改容而问曰："业可得进乎？"

老莱子曰："夫不忍一世之伤而骜万世之患，抑固窭邪，亡其略弗及邪？惠以欢为骜②，终身之丑，中民之行进焉耳，相引以名，相结以

---

① "取"，原卷脱，据成玄英疏补。成玄英疏："出取薪者，采樵也。"王叔岷说："案，古钞卷子本'出'下有'取'字，与成疏合。"

② "骜"，《经典释文》："骜，本亦作'敖'……或作'骜'。"成玄英疏："夫以施惠为欢者，惠不可遍，故骜慢者多矣。是以用惠取人，适为怨府，故终身丑辱。"此处句读也有分歧，或句读为"惠以欢为骜，终身之丑"，"骜"字上属，解读为"以施惠而得人之欢心为骜"（林希逸）；或句读为"惠以欢为，骜终身之丑"，"骜"字下属，认为"此与上文'骜万世之患'，文势相贯"（陈鼓应）。

隐。与其誉尧而非桀，不如两忘而闭①其所誉。反无非伤也，动无非邪也。圣人踌躇以兴事，以每成功。奈何哉其载焉终矜尔！"

宋元君夜半而梦人被发窥阿门，②曰："予自宰路之渊，予③为清江使河伯之所，渔者余且得予。"

元君觉，使人占之，曰："此神龟也。"

君曰："渔者有余且乎？"

左右曰："有。"

君曰："令余且会朝。"

明日，余且朝，君曰："渔何得？"

对曰："且之网得白龟焉，其圆五尺。"

君曰："献若之龟。"

龟至，君再欲杀之，再欲活之，心疑，卜之，曰："杀龟以卜，吉。"乃刳龟，七十二钻

---

① "闭"，《经典释文》："闭，一本文、注并作'门'。"

② "夜半而梦人被发窥阿门"，《太平御览》卷三九九、《事类赋》卷六引作"夜半梦人披（被）发而窥阿门"，"而"字后置。

③ "予"，《文选·江赋》李善注、《太平御览》卷三九九引，均无"予"字。王叔岷说："疑涉上'予'字而衍。"

而无遗策。

仲尼曰："神龟①能见梦于元君，而不能避余且之网；知能七十二钻而无遗策，不能避刳肠之患。如是，则知有所困②，神有所不及也。虽有至知，万人谋之。鱼不畏网而畏鹈鹕，去小知而大知明，去〔而〕③善而自善矣。婴儿生无石师④而能言，与能言者处也。"

惠子谓庄子曰："子言无用。"

---

① "龟"，唐写本无"龟"字。奚侗《庄子补注》说："'神'下不应有'龟'字，盖涉上文'神龟'而衍。'神'与'知'相对，下文'知有所困，神有所不及'，即分诠此文。《艺文类聚》'梦部''龟部'引，'神'下并无'龟'字，可证。"

② "知有所困"，《经典释文》："知有所困，一本作'知有所不同'。"

③ "而"，原卷脱，据唐写本补。唐写本作"去而善而善矣"。王叔岷说："'去而善'，犹上文'去汝躬矜与汝容知'。'而'，犹'汝'也。"

④ "石师"，《经典释文》："又作'硕师'。"章太炎《庄子解故》说："匠石、石师，盖皆借为'硕'字。"《汉书·律历志上》："石者，大也。"

庄子曰："知无用而始可与言用矣。夫地^①非不广且大也，人之所用容足耳。然则厕^②足而垫之，致^③黄泉，人尚有用乎？"

惠子曰："无用。"

庄子曰："然则无用之为用也亦明矣。"

庄子曰："人有能游，且得不游乎？人而不能游，且得游乎？夫流遁之志，决绝之行，噫，其非至知厚德之任与？覆坠而不反，火驰而不顾，虽相与为君臣，时也，易世而无以相贱。故曰至人不留行焉。夫尊古而卑今，学者之流也。且以狶韦氏之流观今之世，夫孰能不波？唯至人乃能游于世而不僻，顺人而不失己，彼教不学，承意不彼。

---

① "夫地"，或误作"天地"。成玄英疏："夫六合之内，广大无最于地，人之所用，不过容足。"王叔岷说："案，唐李谿《广废庄论》引'夫'上有'今'字。《道藏》成疏本、覆宋本'夫'并作'天'，'天'盖'夫'之误。疏：'广大无最于地。'仅就地而言，是成本'夫'字原不作'天'。"

② "厕"，道藏本、覆宋本作"侧"。奚侗《庄子补注》说："《释文》'厕，音侧'，是为'侧'之借字，谓倾侧也。"

③ "致"，成玄英疏作"至"："若使侧足之外，掘至黄泉。"《经典释文》："致，至也，本亦作'至'。"

　　"目彻为明，耳彻为聪，鼻彻为颤，口彻为甘，心彻为知，知彻为德。凡道不欲壅，壅则哽，哽而不止则跈[1]，跈则众害生。物之有知者恃息，其不殷，非天之罪。天之穿之，日夜无降，人则顾塞其窦。胞有重阆，心有天游。室无空虚，则妇姑勃溪；心无天游，则六凿相攘。大林、丘山之善于人也，亦神者不胜。

　　"德溢乎名，名溢乎暴，谋稽乎誸[2]，知出乎争，柴生乎守，官事果乎众宜，春雨日时，草木怒生，铫耨于是乎始修，草木之到植[3]者过半，而不知其然。

---

　　① "跈"，《经典释文》："本或作'踂'。"
　　② "誸"，《经典释文》："誸，音贤，郭音玄。急也。向本作'弦'。"郭，指郭象注。
　　③ "到植"，郭庆藩《庄子集释》引卢文弨说："到，古'倒'字。"《经典释文》："植……本亦作'置'。"

　　"静然①可以补病，眦搣②可以休③老，宁④可以止遽。虽然若是，劳者之务也，非⑤佚者之所未尝过而问焉。圣人之所以骇天下，神人未尝过而问焉；贤人〔之〕所以骇世，圣人未尝过而问焉；君子〔之〕所以骇国，贤人未尝过而问焉；

---

　　① "然"，或作"默"。奚侗《庄子补注》说："然，系'默'字之误。《文选》江文通《杂体诗》注引，作'静默'，当据改。"

　　② "眦"，《经典释文》："亦作'揃'，子浅反。《三苍》云：'揃，犹翦也。'""搣"，《经典释文》："搣，本亦作"搣"，音灭。"陈鼓应说："眦搣，《玉篇》引正作'揃灭'。揃灭，即今按摩术。"成玄英疏："剪齐发鬓，灭状貌也。"

　　③ 休，或作"沐"。王叔岷《庄子校诠》引于省吾说："《阙误》引张本'休'作'沐'。成疏：'衰老之容，以此而沐浴。'是成所见本'休'亦作'沐'。"

　　④ 据此前后句式，"宁"前或有脱字。高山寺本作"眦搣可以已沐，老宁可以已遽"，衍"已"字，而"老"字下属，似不确。

　　⑤ "非"，或为衍字。王先谦《庄子集解》说："'非'字当衍。"王叔岷《庄子校诠》引于鬯说："'非'字衍，郭注云云，明郭本无'非'字。"王叔岷说："审郭注'故佚者超然不顾'，即'非佚者之所尝过而问焉'之意。今本'尝'上有'未'字，盖涉下文'未尝过而问焉'而衍。于氏盖申王说，谓'非'字衍，其说近是而未得也。"

小人〔之〕^①所以合时，君子未尝过而问焉。”

演门^②有亲死者，以善毁爵为官师，其党人毁而死者半。尧与许由天下，许由逃之；汤与务光，务光怒之。纪它闻之，帅弟子而踆^③于窾水，诸侯吊之。三年，申徒狄因以踣河。^④

筌^⑤者所以在鱼，得鱼而忘筌；蹄者所以在兔，得兔而忘蹄；言者所以在意，得意而忘言。吾安得夫忘言之人而与之言哉！

---

① 三“之”字，原卷无，兹据上文“圣人之所以骇天下”文意及高山寺本补。高山寺本“小人之所以合时”，即有“之”字。

② “演门”，成玄英疏：“东门也。亦有作‘寅’者。”王叔岷说：“演，亦作‘寅’，古字通用。《释名·释天》：‘寅，演也。’”

③ “踆”，《经典释文》：“踆，音存。《字林》云：‘古蹲字。’”

④ 此句成玄英疏：“狄闻斯事，慕其高名，遂赴长河，自溺而死。”

⑤ “筌”，或作“荃”。《经典释文》引作“荃”，注云：“香草也，可以饵鱼。或云：‘积柴水中，使鱼依而食焉。’一云：‘鱼笱也。’”陈鼓应说：“作‘荃’，是故书。”

寓言第二十七

寓言十九，重言十七，卮①言日出，和以天倪。

寓言十九，藉外论之。亲父不为其子媒。亲父誉之，不若非其父者也。非吾罪也，人之罪也。与己同则应，不与己同则反。同于己为是之，异于己为非之。

重言十七，所以已言也，是为耆艾，年先矣，而无经纬本末以期年耆者，是非先也。人而无以先人，无人道也；人而无人道，是之谓陈人。

卮言日出，和以天倪，因以曼衍，所以穷

---

① "卮"，《经典释文》："《字略》云：'卮，圆酒器也。'……王云：'夫卮器，满即倾，空则仰，随物而变，非执一守故者也；施之于言，而随人从变，己无常主者也。'司马云：'谓支离无首尾言也。'"

年。不言则齐，齐与言不齐，言与齐不齐也，故曰〔言〕①无言。言无言，终身言，未尝言②；终身不言，未尝不言。有自也而可，有自也而不可；有自也而然，有自也而不然。恶乎然？然于然。恶乎不然？不然于不然。恶乎可？可于可。恶乎不可？不可于不可。物固有所然，物固有所可；无物不然，无物不可。非卮言日出，和以天倪，孰得其久？万物皆种也，以不同形相禅，始卒若环，莫得其伦，是谓天均。天均者，天倪也。

庄子谓惠子曰："孔子行年六十而六十化，始时所是，卒而非之，未知今之所谓是之非五十九非也。"

惠子曰："孔子勤志服知也。"

庄子曰："孔子谢之矣，而其未之尝言。

---

① 原卷脱"言"字，据高山寺本补。

② "言"，原卷及覆宋本、世德堂本作"不言"，"不"为衍字，当删。马叙伦《庄子义证》说："'终身言，未尝言；终身不言，未尝不言'，相对为文，此羡'不'字。"王叔岷说："案，'不'字盖涉下文'未尝不言'而衍。古钞卷子本、《道藏》成疏本、林希逸《口义》本、褚伯秀《义海纂微》本、罗勉道《循本》本，皆无'不'字。……焦竑《翼》本以下，多删'不'字。"

孔子云：‘夫受才乎大本，复灵以生。’鸣而当律，言而当法。利义陈乎前，而好恶是非直服人之口而已矣。使人乃以心服，而不敢蕳立，定天下之定。已乎！已乎！吾且不得及彼乎！”

曾子再仕而心再化，曰：“吾及亲仕，三釜而心乐。后仕，三千钟不洎，吾心悲。”

弟子问于仲尼曰：“若参者，可谓无所县其罪乎？”

曰：“既已县矣。夫无所县者，可以有哀乎？彼视三釜三千钟，如观〔鸟〕①雀蚊虻相过乎前也。”

颜成子游谓东郭子綦曰：“自吾闻子之言，一年而野，二年而从，三年而通，四年而物，五年而来，六年而鬼入，七年而天成，八年而不知死，不知生，九年而大妙。

“生有为，死也。劝公以其死也，有自也；而生阳也，无自也。而果然乎？恶乎其所适？恶乎其所不适？天有历数，地有人据，吾恶乎求

① “鸟”，原卷及道藏本、覆宋本、世德堂本、褚伯秀本、林希逸本皆脱。郭象注作“蚊虻鸟雀”、成玄英疏作“鸟雀蚊虻”，兹据补。

之？莫知其所终，若之何其无命也？莫知其所始，若之何其有命也？有以相应也，若之何其无鬼邪？无以相应也，若之何其有鬼邪？”

众①罔两问于影曰：“若向也俯，而今也仰；向也括〔撮〕②，而今也被发；向也坐，而今也起；向也行，而今也止。何也？”

影曰：“叟叟③也，奚稍问也！予有而不知其所以。予，蜩甲也？蛇蜕也？似之而非也。火与日，吾屯也；阴与夜，吾代也。彼，吾所以有待邪？而况乎以〔无〕④有待者乎！彼来则我与之来，彼往则我与之往，彼强阳则我与之强阳。强阳者，又何以有问乎！”

阳子居南之沛，老聃西游于秦，邀于郊，至于梁，而遇老子。老子中道仰天而叹曰：“始以

---

① “众”，或疑为衍字。陈鼓应说：“‘罔’上各本衍‘众’字。‘众’字无义，当为衍文。”

② “撮”，原卷及道藏本、覆宋本、世德堂本、褚伯秀本、林希逸本均脱。成玄英疏：“撮，束发。”兹据成玄英疏及文意补。

③ “叟叟”，世德堂本、通行本作“搜搜”。

④ “无”，原卷及道藏本、覆宋本、世德堂本、褚伯秀本、林希逸本均无。陈鼓应说：“按，‘无’字原缺，依郭注及《阙误》引张君房本补（王孝鱼校）。”

汝为可教，今不可也。"

阳子居不答。至舍，进盥漱巾栉，脱屦户外，膝行而前，曰："向者弟子欲请夫子，夫子行不闲，是以不敢。今闲矣，请问其过。"

老子曰："而睢睢盱盱，而谁与居？大白若辱，盛德若不足。"

阳子居蹴然变容曰："敬闻命矣！"

其往也，舍者迎将，其家①公执席，妻执巾栉，舍者避席，炀者避灶。其反也，舍者与之争席矣。

让王第二十八

尧以天下让许由，许由不受。又让于子州支父，子州支父曰："以我为天子，犹之可也。虽然，我适有幽忧之病，方且治之，未暇治天下

---

① "其家"，点校者或将二字上属。

也。"夫天下至重也，而不以害其生，又况他物乎！唯无以天下为者，可以托天下也。

舜让天下于子州支伯。子州支伯曰："予适有幽忧之病，方且治之，未暇治天下也。"故天下大器也，而不以易生，此有道者之所以异乎俗者也。

舜以天下让善卷，善卷曰："余立于宇宙之中，冬日衣皮毛，夏日衣葛绣；春耕种，形足以劳动；秋收敛，身足以休食；日出而作，日入而息，逍遥于天地之间而心意自得。吾何以天下为哉！悲夫，子之不知余也！"遂不受。于是去而入深山，莫知其处。

舜以天下让其友石户之农，石户之农曰："捲捲乎，后之为人，葆力之士也！"以舜之德为未至也，于是夫负妻戴，携子以入于海，终身不反也。

大王亶父居邠，狄人攻之。事之以皮帛而不受，事之以犬马而不受，事之以珠玉而不受，狄人之所求者土地也。大王亶父曰："与人之兄居而杀其弟，与人之父居而杀其子，吾不忍也。子皆勉居矣！为吾臣与为狄人臣奚以异！且吾闻之：不以所用养害所养。"因杖策而去之，民相连而从之，遂成国于歧①山之下。夫大王亶父，可谓能尊生矣。能尊生者，虽贵富不以养伤身，虽贫贱不以利累形。今世之人居高官尊爵者，皆重失之，见利轻亡其身，岂不惑哉！

越人三世弑其君，王子搜患之，逃乎丹穴。而越国无君，求王子搜不得，从之丹穴。王子搜不肯出，越人薰之以艾。乘以玉舆②。王子搜援绥登车，仰天而呼曰："君乎！君乎！独不可以舍我乎！"王子搜非恶为君也，恶为君之患也。若王子搜者，可谓不以国伤生矣！此固越人之所欲得为君也。

韩、魏相与争侵地。子华子见昭僖侯，昭僖侯有忧色。子华子曰："今使天下书铭于君之前，书之言曰：'左手攫之则右手废，右手攫之则左手废，然而攫之者必有天下。'君能攫之乎？"

---

① "歧"，道藏本、覆宋本、世德堂本、褚伯秀本、林希逸本、通行本均作"岐"。

② "玉舆"，《经典释文》引作"王舆"，注云："一本作'玉舆'。"

　　昭僖侯曰："寡人不攫也。"

　　子华子曰："甚善！自是观之，两臂重于天下也，身亦重于两臂。韩之轻于天下亦远矣，今之所争者，其轻于韩又远。君固愁身伤生以忧戚不得也！"

　　僖侯曰："善哉！教寡人者众矣，未尝得闻此言也。"子华子可谓知轻重矣。

　　鲁君闻颜阖得道之人也，使人以币先焉。颜阖守陋闾，苴布之衣而自饭牛。鲁君之使者至，颜阖自对之。

　　使者曰："此颜阖之家与？"

　　颜阖对曰："此阖之家也。"

　　使者致币，颜阖对曰："恐听者①谬而遗使者罪，不若审之。"

　　使者还，反审之，复来求之，则不得已。故若颜阖者，真恶富贵也。

　　故曰：道之真以治身，其绪余以为国家，

---

　　①　"者"，陈鼓应说："'者'字，涉下'使者'而衍。"

其土苴以治天下。由此观之，帝王之功[1]，圣人之余事也，非所以完身养生也。今世俗之君子，多危身弃生以殉物，岂不悲哉！凡圣人之动作也，必察其所以之与其所以为。今且有人于此，以随侯之珠弹千仞之雀，世必笑之。是何也？则其所用者重而所要者轻也。夫生者，岂特随侯之重哉！

子列子穷，容貌有饥色。客有言之于郑子阳者，曰："列御寇，盖有道之士也，居君之国而穷，君无乃为不好士乎？"郑子阳即令官遗之粟。子列子见使者，再拜而辞。

使者去，子列子入，其妻望之而拊心曰："妾闻为有道者之妻子，皆得佚乐，今有饥色。君过而遗先生食，先生不受，岂不命邪！"

子列子笑，谓之曰："君非自知我也。以人之言而遗我粟，至其罪我也，又且以人之言，此吾所以不受也。"其卒，民果作难而杀子阳。

---

① "功"，原卷作"物"，据道藏本、覆宋本、世德堂本、褚伯秀本、林希逸本、通行本校改。

楚昭王失国，屠羊说走而从于昭王。昭王反国，将赏从者，及屠羊说。

屠羊说曰："大王失国，说失屠羊。大王反国，说亦反屠羊。臣之爵禄已复矣，又何赏之有？"

王曰："强之！"

屠羊说曰："大王失国，非臣之罪，故不敢伏其诛；大王反国，非臣之功，故不敢当其赏。"

王曰："见之！"

屠羊说曰："楚国之法，必有重赏大功而后得见，今臣之知不足以存国而勇不足以死寇。吴军入郢，说畏难而避寇，非故随大王也。今大王欲废法毁约而见说，此非臣之所以闻于天下也。"

王谓司马子綦曰："屠羊说居处卑贱而陈义甚高，子其为我延之以三旌之位。"

屠羊说曰："夫三旌之位，吾知其贵于屠羊之肆也；万钟之禄，吾知其富于屠羊之利也。然岂可以贪爵禄而使吾君有妄施之名乎？说不敢当，愿复反吾屠羊之肆。"遂不受也。

原宪居鲁，环堵之室，茨以生草，蓬户不完，桑以为枢；而瓮牖二室，褐以为塞，上漏下湿，匡坐而弦。子贡乘大马，中绀而表素，轩车不容巷，往见原宪。原宪华冠縰履，杖藜[①]而应门。

子贡曰："嘻！先生何病？"

原宪应之曰："宪闻之，无财谓之贫，学而不能行谓之病。今宪，贫也，非病也。"子贡逡巡而有愧色。

原宪笑曰："夫希世而行，比周而友，学以为人，教以为己，仁义之慝，舆马之饰，宪不忍为也。"

曾子居卫，缊袍无表，颜色肿[②]哙，手足胼胝。三日不举火，十年不制衣，正冠而缨绝，捉衿而肘见，纳屦而踵决，曳縰而歌《商颂》，声满天地，若出金石。天子不得臣，诸侯不得友。

故养志者忘形，养形者忘利，致道者忘

---

① "杖藜"，《经典释文》："杖藜，以藜为杖也。司马本作'扶杖'也。"

② "肿"，《经典释文》引作"种"，注云："本亦作'肿'。"

心矣。

孔子谓颜回曰："回，来！家贫居卑，胡不仕乎？"

颜回对曰："不愿仕。回有郭外之田五十亩，足以给馆粥；郭内之田十亩，足以为丝麻；鼓琴足以自娱；所学夫子之道者足以自乐也。回不愿仕。"

孔子愀然变容，曰："善哉，回之意！丘闻之：'知足者，不以利自累也；审自得者，失之而不惧；行修于内者，无位而不怍。'丘诵之久矣，今于回而后见之，是丘之得也。"

中山公子牟谓瞻子曰："身在江海之上，心居乎魏阙之下，奈何？"

瞻子曰："重生。重生则利轻。"

中山公子牟曰："虽知之，未能自胜也。"

瞻子曰："不能自胜则从，神无恶乎？不能自胜而强不从者，此之谓重伤。重伤之人，无寿类矣。"

魏牟，万乘之公子也，其隐岩穴也，难为于布衣之士；虽未至乎道，可谓有其意矣！

孔子穷于陈、蔡之间，七日不火食，藜羹不

糁，颜色甚惫，而弦歌于室。颜回择菜，子路、子贡相与言曰："夫子再逐于鲁，削迹于卫，伐树于宋，穷于商、周，围于陈、蔡。杀夫子者无罪，藉夫子者无禁。弦歌鼓琴，未尝绝音，君子之无耻也若此乎？"

颜回无以应，入告孔子。孔子推琴，喟然而叹曰："由与赐，细人也。召而来，吾语之。"

子路、子贡入。子路曰："如此者，可谓穷矣！"

孔子曰："是何言也！君子通于道之谓通，穷于道之谓穷。今丘抱仁义之道，以遭乱世之患，其何穷之为！故内省而不穷①于道，临难而不失其德，天寒既至，霜雪既降，吾是以知松柏之茂也。陈、蔡之隘，于丘其幸乎！"

孔子削然反琴而弦歌，子路扢然执干而舞。子贡曰："吾不知天之高也，地之下也。"

古之得道者，穷亦乐，通亦乐。所乐非穷通也，道德于此，则穷通为寒暑风雨之序矣。故许

① "穷"，王叔岷认为应校改为"疲"："案，《吕氏春秋》《风俗通》，'穷'并作'疲'。此作'穷'，疑涉上'其何穷之为'而误。"

由娱于颖阳，而共伯得乎丘首。

舜以天下让其友北人无择，北人无择曰："异哉，后之为人也，居于畎亩之中，而游尧之门。不若是而已，又欲以其辱行漫我。吾羞见之。"因自投清冷①之渊。

汤将伐桀，因卞随而谋，卞随曰："非吾事也。"

汤曰："孰可？"曰："吾不知也。"

汤又因务光而谋，务光曰："非吾事也。"

汤曰："孰可？"曰："吾不知也。"

汤曰："伊尹何如？"曰："强力忍垢，吾不知其他也。"

汤遂与伊尹谋伐桀，克之。以让卞随，卞随辞曰："后之伐桀也谋乎我，必以我为贼也；胜桀而让我，必以我为贪也。吾生乎乱世，而无道之人再来漫我以其辱行，吾不忍数闻也！"乃自投稠水而死。

---

① "冷"，《经典释文》引作"泠"，注云："泠，音零。"

汤又让务光，曰："知者谋之，武者遂之，仁者居之，古之道也。吾子胡不立乎？"务光辞曰："废上，非义也；杀民，非仁也；人犯其难，我享其利，非廉也。吾闻之曰：'非其义者，不受其禄，无道之世，不践其土。'况尊我乎！吾不忍久见也。"乃负石而自沉于庐水①。

昔周之兴，有士二人处于孤竹，曰伯夷、叔齐。二人相谓曰："吾闻西方有人，似有道者，试往观焉。"

至于岐阳，武王闻之，使叔旦往见。与盟曰："加富二等，就官一列。"血牲②而理之。

二人相视而笑，曰："嘻，异哉！此非吾所谓道也。昔者神农之有天下也，时祀尽敬而不祈喜；其于人也，忠信尽治而无求焉。乐与政为政，乐与治为治。不以人之坏自成也，不以人之卑自高也，不以遭时自利也。今周见殷之乱而遽

----

① "庐水"，《经典释文》："司马本作'卢水'。"
② "血牲"，《经典释文》："血牲，一本作'杀牲'。司马本作'血之以牲'。"

为政，上谋而下①行货，阻兵而保威，割牲而盟以为信，扬行以悦众，杀伐以要利。是推乱以易暴也。吾闻古之士，遭治世不避其任，遇乱世不为苟存。今天下暗，周德衰，其并乎周以涂吾身也，不如避之，以絜吾行。"

二子北至于首阳之山，遂饿而死焉。若伯夷、叔齐者，其于富贵也，苟可得已，则必不赖，高节戾行，独乐其志，不事于世。此二士之节也。

盗跖第二十九

孔子与柳下季为友，柳下季之弟，名曰盗

---

① "下"，或认为是衍字，高山寺本无"下"字。陈鼓应《庄子今注今译》引王念孙说："'上谋而下行货'，'下'字后人所加也。'上'与'尚'同。'上谋而行货，阻兵而保威'，句法正相对。后人误读为'上'为上下之'上'，故加'下'字耳。《吕氏春秋·诚廉篇》正作'上谋而行货，阻兵而保威'。"

跖。盗跖从卒九千人，横行天下，侵暴诸侯，穴室枢户，驱人牛马，取人妇女，贪得忘亲，不顾父母兄弟，不祭先祖。所过之邑，大国守城，小国入保，万民苦之。

孔子谓柳下季曰："夫为人父者，必能诏其子；为人兄者，必能教其弟。若父不能诏其子，兄不能教其弟，则无贵父子兄弟之亲矣。今先生，世之才士也，弟为盗跖，为天下害，而弗能教也，丘窃为先生羞之。丘请为先生往说之。"

柳下季曰："先生言：'为人父者必能诏其子，为人兄者必能教其弟。'若子不听父之诏，弟不受兄之教，虽今先生之辩，将奈之何哉？且跖之为人也，心如涌泉，意如飘风，强足以距敌，辩足以饰非，顺其心则喜，逆其心则怒，易辱人以言，先生必无往。"

孔子不听，颜回为驭，子贡为右，往见盗跖。盗跖乃方休卒徒太山之阳，脍人肝而餔之。孔子下车而前，见谒者，曰："鲁人孔丘，闻将军高义，敬再拜谒者。"

谒者入通。盗跖闻之，大怒，目如明星，发上指冠，曰："此夫鲁国之巧伪人孔丘非邪？

为我告之：'尔作言造语，妄称文武，冠枝木之冠，带死牛之胁，多辞谬说，不耕而食，不织而衣，摇唇鼓舌，擅生是非，以迷天下之主，使天下学士不反其本，妄作孝悌[①]，而傲倖于封侯富贵者也。子之罪大极重，疾走归！不然，我将以子肝益昼饷之膳！'"

孔子复通曰："丘得幸于季，愿望履幕[②]下。"

谒者复通，盗跖曰："使来前！"

孔子趋而进，避席反走，再拜盗跖。盗跖大怒，两展其足，案剑瞋目，声如乳虎，曰："丘，来前！若所言，顺吾意则生，逆吾心则死！"

孔子曰："丘闻之：'凡天下有三德：生而长大，美好无双，少长贵贱见而皆悦[③]之，此上德也；知维天地，能辩诸物，此中德也；勇悍果敢，聚众率兵，此下德也。'凡人有此一德者，

---

①　"悌"，世德堂本、褚伯秀本、通行本作"弟"。

②　"幕"，《经典释文》："司马本'幕'作'綦'。"按，"綦"指鞋带，似于义为长。《礼记·内则》："屦，著綦。"郑玄注："綦，屦系也。"

③　"悦"，世德堂本、林希逸本、通行本作"说"。

足以南面称孤矣。今将军兼此三者，身长八尺二寸，面目有光，唇如激丹，齿如齐贝①，音中黄钟，而名曰盗跖，丘窃为将军耻不取焉。将军有意听臣，臣请南使吴、越，北使齐、鲁，东使宋、卫，西使晋、楚，使为将军造大城数百里，立十数②万户之邑，尊将军为诸侯，与天下更始，罢兵休卒，收养昆弟，共祭先祖。此圣人才士之行，而天下之愿也。"

盗跖大怒曰："丘，来前！夫可规以利而可谏以言者，皆愚陋恒民③之谓耳。今长大美好，人见而悦之者，此吾父母之遗德也。丘虽不吾誉，吾独不自知邪？且吾闻之：好面誉人者，亦好背而毁之。今丘告我以大城众民，是欲规我以利而恒民畜我也，安可长久④也！城之大者，莫大乎天下矣。尧、舜有天下，子孙无置锥之

---

① "齐贝"，《经典释文》："齐贝，一本作'含贝'。"
② "十数"，道藏本、覆宋本、世德堂本、褚伯秀本、林希逸本、通行本均作"数十"。
③ "恒民"，《经典释文》："恒民，一本作'顺民'。"
④ "长久"，道藏本、覆宋本、通行本作"久长"。

地；汤、武立为天子，而后世绝灭。非以其利大故邪？

"且吾闻之：古者禽兽多而人民少，于是民皆巢居以避之，昼拾橡栗，暮栖木上，故命之曰有巢氏之民。古者民不知衣服，夏多积薪，冬则炀之，故命之曰知生之民。神农之世，卧则居居，起则于于，民知其母，不知其父，与麋鹿共处，耕而食，织而衣，无有相害之心，此至德之隆也。然而黄帝不能致德，与蚩尤战于涿鹿之野，流血百里。尧、舜作，立群臣，汤放其主，武王杀纣，自是之后，以强陵弱，以众暴寡。汤、武以来，皆乱人之徒也。

"今子修文、武之道，掌天下之辩，以教后世，缝衣浅带，矫言伪行，以迷惑天下之主，而欲求富贵焉，盗莫大于子。天下何故不谓子为盗丘，而乃谓我为盗跖？子以甘辞说子路，而使从之。使子路去其危冠，解其长剑，而受教于子，天下皆曰：'孔丘能止暴禁非。'其卒之也，子路欲杀卫君，而事不成，身菹于卫东门之上，是子教之不至也。子自谓才士圣人邪？则再逐于鲁，削迹于卫，穷于齐，围于陈、蔡，不容身于天下。子教子路菹此患，上无以为身，下无以为人。子之道岂足贵邪？

"世之所高，莫若黄帝，黄帝尚不能全德，而战涿鹿之野，流血百里。尧不慈，舜不孝，禹偏枯，汤放其主，武王伐纣，文王拘羑里，此六子者，世之所高也。孰论之，皆以利惑其真而强反其情性，其行乃甚可羞①也。

"世之所谓贤士，伯夷、叔齐。伯夷、叔齐辞孤竹之君，而饿死于首阳之山，骨肉不葬。鲍焦饰行非世，抱木而死。申徒狄谏而不听，负石自投于河，为鱼鳖所食。介子推，至忠也，自割其股，以食文公，文公后背之，子推怒而去，抱木而燔死。尾生②与女子期于梁下，女子不来，水至，不去，抱梁柱而死。此六③子者，无异于磔犬流豕、操瓢而乞者，皆离名轻死，不念本养寿命者也。

"世之所谓忠臣者，莫若王子比干、伍子

---

① "羞"，《经典释文》："本又作'恶'。"
② "尾生"，《经典释文》："一本作'微生'。"
③ "六"，原卷作"四"，据道藏本、覆宋本、褚伯秀本、通行本校改。

胥。子胥沉江，比干剖心，此二子者，世谓忠臣也，然卒为天下笑。自上观之，至于子胥、比干，皆不足贵也。

"丘之所以说我者，若告我以鬼事，则我不能知也；若告我以人事者，不过此矣，皆吾所闻知也。今吾告子以人之情，目欲视色，耳欲听声，口欲察味，志气欲盈。人上寿百岁，中寿八十，下寿六十，除病瘦①、死丧、忧患，其中开口而笑者，一月之中不过四五日而已矣。天与地无穷，人死者有时，操有时之具而托于无穷之间，忽然无异骐骥之驰过隙也。不能悦②其志意、养其寿命者，皆非通道者也。

"丘之所言，皆吾之所弃也，亟去走归，无复言之！子之道，狂狂汲汲③，诈巧虚伪事也，非可以全真也。奚足论哉！"

孔子再拜，趋走，出门，上车，执辔三失，目芒然无见，色若死灰，据轼低头，不能出气。

---

① "瘦"，陈鼓应《庄子今注今译》引王念孙说："案，'瘦'当为'痩'字之误也。"按，瘦、痩形近。

② "悦"，世德堂本、通行本作"说"。

③ "汲"，《经典释文》引作"汲"，注云："本亦作'汲'。"

归到鲁东门外，适遇柳下季。柳下季曰："今者阙然数日不见，车马有行色，得微往见跖邪？"

孔子仰天而叹曰："然。"柳下季曰："跖得无逆汝意若前乎？"

孔子曰："然。丘所谓无病而自灸也，疾走料虎头，编虎须，几不免虎口哉！"

子张问于满苟得曰："盍不为行？无行则不信，不信则不任，不任则不利。故观之名，计之利，而义真是也。若弃名利，反之于心，则夫士之为行，不可一日不为乎！"

满苟得曰："无耻者富，多信者显。夫名利之大者，几在无耻而信。故观之名，计之利，而信真是也。若弃名利，反之于心，则夫士之为行，抱其天乎！"

子张曰："昔者桀、纣贵为天子，富有天下。今谓臧聚曰：'汝行如桀、纣。'则有怍色，有不服之心者，小人所贱也。仲尼、墨翟，穷为匹夫，今谓宰相曰：'子行如仲尼、墨翟。'则变容易色，称不足者，士诚贵也。故势为天子，未必贵也；穷为匹夫，未必贱也。贵贱之分，在行之美恶。”

满苟得曰："小盗者拘，大盗者为诸侯。诸侯之门，义士存焉。昔者桓公小白杀兄入嫂，而管仲为臣；田成子常杀君窃国，而孔子受币。论则贱之，行则下之，则是言行之情悖战于胸中也，不亦拂乎！故《书》曰：'孰恶孰美，成者为首，不成者为尾。'"

子张曰："子不为行，即将疏戚无伦，贵贱无义，长幼无序。五纪六位，将何以为别乎？"

满苟得曰："尧杀长子，舜流母弟，疏戚有伦乎？汤放桀，武王杀纣，贵贱有义乎？王季为适，周公杀兄，长幼有序乎？儒者伪辞，墨者兼爱，五纪六位，将有别乎？

"且子正为名，我正为利。名利之实，不顺于理，不监于道。吾日与子讼于无约，曰：'小人殉财，君子殉名。其所以变其情，易其性，则异矣；乃至于弃其所为，而殉其所不为，则一也。'

"故曰：无为小人，反殉而天；无为君子，从天之理。若枉若直，相而天极。面观四方，与时消息。若是若非，执而圆机；独成而意，与道徘徊。无转而行，无成而义，将失而所为。无赴而富，无殉而成，将弃而天。

"比干剖心，子胥抉眼，忠之祸也；直躬证父，尾生溺死，信之患也；鲍子立乾，申子不自理，廉之害也；孔子不见母，匡子不见父，义之失也。此上世之所传，下世之所语，以为士者，正其言，必其行，故服其殃，离其患也。"

无足①问于知和曰："人卒未有不兴名就利者。彼富则人归之，归则下之，下则贵之。夫见下贵者，所以长生、安体、乐意之道也。今子独无意焉？知不足邪？意知而力不能行邪？故推正不忘邪？"

知和曰："今夫此人以为与己同时而生、同乡而处者，以为夫绝俗过世之士焉。是专无主正，所以览古今之时，是非之分也，与俗化。世去至重②，弃至尊，以为其所为也。此其所以论长生、安体、乐意之道，不亦远乎！惨怛之疾，

---

① "无足"，《经典释文》："无足，一本作'无知'。"

② "与俗化。世去至重"，此处标点，通行本多有不同，或将"与俗化"下属后一句，或将"与俗化世"连句。

恬愉之安，不监于体；怵惕之恐，欣欢之喜，不监于心。知为为而不知所以为，是以贵为天子，富有天下，而不免于患也。"

无足曰："夫富之于人，无所不利，穷美究势，至人之所不得逮，贤人之所不能及，侠人之勇力而以为威强，秉人之知谋以为明察，因人之德以为贤良，非享国而严若君父。且夫声色、滋味、权势之于人，心不待学而乐之，体不待象而安之。夫欲恶避就，固不待师，此人之性也。天下虽非我，孰能辞之！"

知和曰："知者之为，故动以百姓，不违其度，是以足而不争，无以为故不求。不足故求之，争四处而不自以为贪；有余故辞之，弃天下而不自以为廉。廉贪之实，非以迫外也，反监之度。势为天子，而不以贵骄人；富有天下，而不以财戏人。计其患，虑其反，以为害于性，故辞而不受也，非以要名誉也。尧、舜为帝而雍，非仁天下也，不以美害生也；善卷、许由得帝而不受，非虚辞让也，不以事害己。此皆就其利，辞其害，而天下称贤焉，则可以有之，彼非以兴名誉也。"

无足曰："必持其名，苦体绝甘，约养以持生，则亦久病长厄而不死者也。"

知和曰："平为福，有余为害者，物莫不然，而财其甚者也。今富人，耳营钟鼓管籥之声，口嗛于刍豢醪醴之味，以感其意，遗忘其业，可谓乱矣；佅溺于冯气，若负重行而上也，可谓苦矣；贪财而取慰，贪权而取竭，静居则溺，体泽则冯，可谓疾矣；为欲富就利，故满若堵耳而不知避，且冯而不舍，可谓辱矣；财积而无用，服膺而不舍，满心戚醮，求益而不止，可谓忧矣；内则疑劫请之贼，外则畏寇盗之害，内周楼疏，外不敢独行，可谓畏矣。此六者，天下之至害也，皆遗忘而不知察。及其患至，求尽性竭财，单以反一日之无故，而不可得也。故观之名则不见，求之利则不得，缭意绝体而争此，不亦惑乎！"

卷十

说剑第三十

　　昔赵文王喜剑，剑士夹门而客三千余人，日夜相击于前，死伤者岁百余人，好之不厌。如是三年，国衰。诸侯谋之。

　　太子悝患之，募左右曰："孰能说王之意止剑士者，赐之千金。"

　　左右曰："庄子当能。"

　　太子乃使人以千金奉庄子。庄子弗受，与使者俱，往见太子曰："太子何以教周，赐周千金？"

　　太子曰："闻夫子明圣，谨奉千金以币从者。夫子弗受，悝尚何敢言。"

　　庄子曰："闻太子所欲用周者，欲绝王之喜好也。使臣上说大王而逆王意，下不当太子，则身刑而死，周尚安所事金乎？使臣上说大王，下当太子，赵国何求而不得也？"

太子曰："然，吾王所见，唯剑士也。"

庄子曰："诺。周善为剑。"

太子曰："然吾王所见剑士，皆蓬头突鬓垂冠，曼胡之缨，短后之衣，瞋目而语难，王乃悦①之。今夫子必儒服而见王，事必大逆。"

庄子曰："请治剑服。"治剑服三日，乃见太子。

太子乃与见王，王脱白刃待之。庄子入殿门不趋，见王不拜。

王曰："子欲何以教寡人，使太子先？"

曰："臣闻大王喜剑，故以剑见王。"

王曰："子之剑何能禁制？"

曰："臣之剑，十步一人，千里不留行。"

王大悦之，曰："天下无敌矣。"

庄子曰："夫为剑者，示之以虚，开之以利，后之以发，先之以至。愿得试之。"

王曰："夫子休，就舍待命，令设戏请夫子。"②

---

① "悦"，世德堂本、通行本作"说"。

② 或认为"令"为衍字，断句标点为"夫子休就舍，待命设戏请夫子"（《庄子今注今译》）。

王乃校剑士七日，死伤者六十余人，得五六人，使奉剑于殿下，乃召庄子。王曰："今日试使士敦剑。"

庄子曰："望之久矣！"

王曰："夫子所御杖，长短何如？"

曰："臣之所奉皆可。然臣有三剑，唯王所用，请先言而后试。"

王曰："愿闻三剑。"

曰："有天子剑，有诸侯剑，有庶人剑。"

王曰："天子之剑何如？"

曰："天子之剑，以燕溪石域①为锋。齐岱为锷，晋魏②为脊，周宋为镡，韩魏为铗③，包以四夷，裹以四时，绕以渤海，带以常山，制以五行，论以刑德，开以阴阳，持以春夏，行以秋冬。此剑，直之无前，举之无上，案之无下，运之无旁。上决浮云，下绝地纪。此剑一用，匡

①　"域"，道藏本、覆宋本、世德堂本、褚伯秀本、林希逸本、通行本作"城"。
②　"魏"，陈鼓应本校作"卫"，注云："各本作'魏'。下既言'韩魏'，此不得言'晋魏'。韩、赵、魏分晋，尤不当晋、魏并称。"
③　"铗"，世德堂本、通行本作"夹"。

诸侯，天下服矣。此天子之剑也。"文王芒然自失。

曰："诸侯之剑何如？"

曰："诸侯之剑，以知勇士为锋，以清廉士为锷，以贤良士为脊，以忠圣士为镡，以豪桀士为铗①。此剑，直之亦无前，举之亦无上，案之亦无下，运之亦无旁。上法圆天，以顺三光；下法方地，以顺四时；中知②民意，以安四乡。此剑一用，如雷霆之震也，四封之内，无不宾服而听从君命者矣。此诸侯之剑也。"

王曰："庶人之剑何如？"

曰："庶人之剑，蓬头突鬓垂冠，曼胡之缨，短后之衣，瞋目而语难。相击于前，上斩颈领，下决肝肺。此庶人之剑，无异于斗鸡，一旦命已绝矣，无所用于国事。今大王有天子之位而好庶人之剑，臣窃为大王薄之。"

王乃牵而上殿，宰人上食，王三环之。

庄子曰："大王安坐定气，剑事已毕奏

---

① "铗"，世德堂本、通行本作"夹"。
② "知"，道藏本、覆宋本、褚伯秀本、通行本作"和"。

矣！"于是文王不出宫三月，剑士皆服毙其处也。

渔父第三十一

孔子游乎缁帷之林，休坐乎杏坛之上。弟子读书，孔子弦歌鼓琴。奏曲未半，有渔父者，下船而来，鬓眉交白，被发揄袂，行原以上，距陆而止，左手据膝，右手持颐以听。曲终，而招子贡、子路，二人俱对。

客指孔子曰："彼何为者也？"

子路对曰："鲁之君子也。"

客问其族。子路对曰："族孔氏。"

客曰："孔氏者，何治也？"

子路未应，子贡对曰："孔氏者，性服忠信，身行仁义，饰①礼乐，选人伦，上以忠于世

---

① "饰"，《经典释文》："本又作'饬'。"

主，下以化于齐民，将以利天下。此孔氏之所治也。"

又问曰："有土之君与？"

子贡曰："非也。"

"侯王之佐与？"

子贡曰："非也。"

客乃笑而还行，言曰："仁则仁矣，恐不免其身。苦心劳形，以危①其真。呜呼，远哉其分②于道也！"

子贡还，报孔子。孔子推琴而起曰："其圣人与！"乃下求之，至于泽畔，方将杖拏而引其船，顾见孔子，还乡③而立。孔子反走，再拜而进。

客曰："子将何求？"

孔子曰："曩者先生有绪言而去，丘不肖，未知所谓，窃待④于下风，幸闻咳唾之音，以卒相丘也！"

---

① "危"，《经典释文》："或作'伪'。"

② "分"，《经典释文》："本又作'介'，音界。司马云：'离也。'"

③ "乡"，《经典释文》："或作'向'。"

④ "待"，《经典释文》："或作'侍'。"

客曰：“嘻！甚矣，子之好学也！”

孔子再拜而起，曰：“丘少而修学，以至于今，六十九岁矣，无所得闻至教，敢不虚心！”

客曰：“同类相从，同声相应，固天之理也。吾请释吾之所有，而经子之所以。子之所以者，人事也。天子、诸侯、大夫、庶人，此四者自正，治之美也，四者离位，而乱莫大焉。官治其职，人忧其事，乃无所陵。故田荒室露，衣食不足，征赋不属，妻妾不和，长少无序，庶人之忧也；能不胜任，官事不治，行不清白，群下荒怠，功美不有，爵禄不持，大夫之忧也；廷无忠臣，国家昏乱，工技不巧，贡职①不美，春秋后伦，不顺天子，诸侯之忧也；阴阳不和，寒暑不时，以伤庶物，诸侯暴乱，擅相攘伐，以残民人，礼乐不节，财用穷匮，人伦不饬，百姓淫乱，天子有司之忧也。今子既上无君侯有司之势，而下无大臣职事之官，而擅饰礼乐，选人伦，以化齐民，不泰多事乎！

---

① “职”，《经典释文》：“或作‘赋’。”

"且人有八疵，事有四患，不可不察也。非其事而事之，谓之揔①；莫之顾而进之，谓之佞；希意导②言，谓之諂③；不择是非而言，谓之谀；好言人之恶，谓之谗；析交离亲，谓之贼；称誉诈伪，以败恶人，谓之慝；不择善否，两容颜④适，偷拔其所欲，谓之险。此八疵者，外以乱人，内以伤身，君子不友，明君不臣。所谓四患者：好经大事，变更易常，以挂功名，谓之叨；专知擅事，侵人自用，谓之贪；见过不更，闻谏愈甚，谓之很；人同于己则可，不同于己，虽善不善，谓之矜。此四患也。能去八疵，无行四患，而始可教已。"

孔子愀然而叹，再拜而起，曰："丘再逐于鲁，削迹于卫，伐树于宋，围于陈、蔡。丘不知所失，而离此四谤者，何也？"

客凄然变容，曰："甚矣，子之难悟也！人有畏影恶迹而去之走者，举足愈数而迹愈多，

---

① "揔"，道藏本、褚伯秀本作"总"，世德堂本、通行本作"揔"。
② "导"，世德堂本、通行本作"道"。
③ "諂"，世德堂本、褚伯秀本、通行本作"谄"。
④ "颜"，世德堂本、通行本作"颊"。

走愈疾而影不离身，自以为尚迟，疾走不休，绝力而死。不知处阴以休影，处静以息迹，愚亦甚矣！子审仁义之间，察同异之际，观动静之变，适受与之度，理好恶之情，和喜怒之节，而几于不免矣。谨修而身，慎守其真，还以物与人，则无所累矣。今不修之身，而求之人，不亦外乎！"

孔子愀然曰："请问何谓真？"

客曰："真者，精诚之至也。不精不诚，不能动人。故强哭者，虽悲不哀；强怒者，虽严不威；强亲者，虽笑不和。真悲无声而哀，真怒未发而威，真亲未笑而和。真在内者，神动于外，是所以贵真也。其用于人理也，事亲则慈孝，事君则忠贞，饮酒则欢乐，处丧则悲哀。忠贞以功为主，饮酒以乐为主，处丧以哀为主，事亲以适为主。功成之美，无一其迹矣；事亲以适，不论所以矣；饮酒以乐，不选其具矣；处丧以哀，无问其礼矣。礼者，世俗之所为也；真者，所以受于天也。自然不可易也。故圣人法天贵真，不拘于俗。愚者反此。不能法天而恤于人，不知贵真，禄禄而受变于俗，故不足。惜哉，子之早[①]湛于人伪，而晚闻大道也！”

孔子又再拜而起，曰：“今者丘得遇也，若天幸然。先生不羞而比之服役，而身教之。敢问舍所在，请因受业，而卒学大道。”

客曰：“吾闻之，可与往者与之，至于妙道；不可与往者，不知其道。慎勿与之，身乃无咎。子勉之，吾去子矣，吾去子矣！”乃刺舡[②]而去，延缘苇间。

颜渊还车，子路授绥，孔子不顾，待水波定，不闻拏音而后敢乘。子路旁车而问曰：“由得为役久矣，未尝见夫子遇人如此其威也。万乘之主，千乘之君，见夫子未尝不分庭伉礼，夫子犹有倨敖之容。今渔父杖拏逆立，而夫子曲要磬折，言拜而应，得无太甚乎！门人皆怪夫子矣，渔父何以得此乎？”

孔子伏轼而叹，曰：“甚矣，由之难化也！

---

① “早”，世德堂本、通行本作“蚤”，《经典释文》亦引作“蚤”，注云：“字亦作‘早’。”

② “舡”，道藏本、覆宋本、世德堂本、褚伯秀本、林希逸本、通行本均作“船”。

湛①于礼义有间矣，而朴鄙之心至今未去。进，吾语汝：夫遇长不敬，失礼也；见贤不尊，不仁也。彼非至人，不能下人，下人不精，不得其真，故长伤身。惜哉！不仁之于人也，祸莫大焉，而由独擅②之。且道者，万物之所由也。庶物失之者死，得之者生。为事逆之则败，顺之则成。故道之所在，圣人尊之。今渔父之于道，可谓有矣。吾敢不敬乎！"

列御寇第三十二

列御寇之齐，中道而反，遇伯昏瞀人。伯昏瞀人曰："奚方而反？"

曰："吾惊焉。"

曰："恶乎惊？"

---

① "湛"，《经典释文》："或作'其'。"

② "擅"，原卷作"檀"，据道藏本、覆宋本、世德堂本、褚伯秀本、林希逸本校改。

曰："吾尝食于十浆，而五浆先馈。"

伯昏瞀人曰："若是，则汝何为惊已？"

曰："夫内诚不解，形谍成光，以外镇人心，使人轻乎贵老，而齑其所患。夫浆人特为食羹之货，〔无〕[1]多余之赢，其为利也薄，其为权也轻，而犹若是，而况于万乘之主乎！身劳于国而知尽于事，彼将任我以事而效[2]我以功，吾是以惊。"

伯昏瞀人曰："善哉观乎！汝处己，人将保汝矣！"

无几何而往，则户外之屦满矣。伯昏瞀人北面而立，敦杖蹙之乎颐，立有间，不言而出。

宾者以告列子，列子提屦，跣足而走，暨乎门，曰："先生既来，曾不发药乎？"

曰："已矣，吾固告汝曰：人将保汝，果保汝矣。非汝能使人保汝，而汝不能使人无保汝

---

① "无"，原卷无。陈鼓应说："俞樾、马叙伦、王叔岷均以为不得有'无'字，皆误。'无多余之赢'，言其赢利所余无多（林希逸注《列子》），正是下文'其为利也薄'的意思。当补'无'字为是。"据补。

② "效"，《经典释文》："本又作'校'。"

也，而焉用之感豫出异也！必且有感〔豫〕①，摇而本性，又无谓也。与汝游者，又莫汝告也。彼所小言，尽人毒也。莫觉莫悟，何相孰也！巧者劳而知者忧，无能者无所求，饱食而遨②游，泛若不系之舟，虚而遨游者也。"

郑人缓也，呻吟裘氏之地。祇三年，而缓为儒，河润九里，泽及三族，使其弟墨。儒墨相与辩，其父助翟。

十年，而缓自杀。其父梦之曰："使而子为墨者，予也。阖胡尝视其良，既为秋柏之实矣？"

夫造物者之报人也，不报其人，而报其人之天。彼故使彼。夫人以己为有以异于人，以贱其亲。齐人之井饮者相捽也。故曰：今之世皆缓也自是③。有德者以不知也，而况有道者乎！古者

① "豫"，原卷及道藏本、覆宋本、世德堂本、褚伯秀本、林希逸本、通行本均无，兹据上文及吕惠卿注补。上文有"而焉用之感豫出异也"，吕惠卿注有"而感豫则摇而本性"。

② "遨"，通行本作"敖"，下"遨"字同。《经典释文》亦引作"敖"，注云："本又作'遨'。"

③ "自是"二字，断句标点或下属。

谓之遁天之刑。

圣人安其所安，不安其所不安；众人安其所不安，不安其所安。

庄子曰："知道易，勿言难。知而不言，所以之天也；知而言之，所以之人也。古之人，天而不人。"

朱泙漫学屠龙于支离益，单千金之家①，三年技成，而无所用其巧。

圣人以必不必，故无兵；众人以不必必之，故多兵。顺于兵，故行有求。兵，恃之则亡。

小夫之知，不离苞苴、竿牍。敝精神乎蹇浅，而欲兼济导物，太一形虚。若是者，迷惑于宇宙，形累不知太初。彼至人者，归精神乎无始，而甘暝②乎无何有之乡。水流乎无形，发泄乎大清。悲哉乎③！汝为知在毫毛，而不知大宁！

---

① "家"，《经典释文》："本亦作'贾'，又作'价'。"

② "暝"，《经典释文》引作"冥"，注云："本亦作'暝'。"

③ "悲哉乎"，《经典释文》："一本作'悲哉悲哉'。"

宋人有曹商者，为宋王使秦。其往也，得车数乘；王悦①之，益车百乘。反于宋，见庄子曰："夫处穷闾厄巷，困窘织屦，槁项黄馘者，商之所短也；一悟万乘之主，而从车百乘者，商之所长也。"

庄子曰："秦王有病召医，破痈溃痤者得车一乘，舐痔者得车五乘，所治愈下，得车愈多。子岂治其痔邪，何得车之多也？子行矣！"

鲁哀公问乎颜阖曰："吾以仲尼为贞干，国其有瘳乎？"

曰："殆哉圾乎仲尼！方且饰羽而画，从事华辞，以支为旨，忍性以视民，而不知不信，受乎心，宰乎神，夫何足以上民！彼宜汝与？予颐与？误而可矣！今使民离实学伪，非所以视民也。为后世虑，不若休之。难治也！"

施于人而不忘，非天布也。

商贾不齿，虽以事齿之，神者弗齿。

为外刑者，金与木也；为内刑者，动与过也。宵人之离外刑者，金木讯之；离内刑者，阴

---

① "悦"，世德堂本、通行本作"说"。

阳食之。夫免乎外内之刑者，唯真人能之。

孔子曰："凡人心险于山川，难于知天。天犹有春秋冬夏、旦暮之期，人者厚貌深情。故有貌愿而益，有长若不肖，有顺懁而达。有坚而缦，有缓而釬。故其就义若渴者，其去义若热。故君子远使之而观其忠，近使之而观其敬，烦使之而观其能，卒然问焉而观其知，急与之期而观其信，委之以财而观其仁，告之以危而观其节，醉之以酒而观其则，杂之以处而观其色。九征至，不肖人得矣。"

正考父一命而区①，再命而偻，三命而俯，循墙而走，孰敢不轨！如而夫者，一命而吕钜，再命而于车②上儛，三命而名诸父，孰协唐许！

贼莫大乎德有心而心有眼③，及其有眼也而内视，内视而败矣。凶德有五，中德为首。何谓

---

① "区"，道藏本、覆宋本、世德堂本、褚伯秀本、林希逸本、通行本均作"伛"。

② "车"，原卷作"东"，兹据文意及道藏本、覆宋本、世德堂本、褚伯秀本、林希逸本校改。

③ "眼"，覆宋本、世德堂本、褚伯秀本、通行本均作"睫"，下"眼"字同。林希逸说："喻如心又开一眼。"

中德？中德也者，有以自好也，而呲[1]其所不为者也。

穷有八极，达有三必，形有六府。美、髯、长、大、壮、丽、勇、敢，八者俱过人也，因以是穷。缘循，偃佚，困畏不若人。三者，俱通达。知慧外通，勇动多怨，仁义多责。

达生之情者傀，达于知者肖，达大命者随，达小命者遭。

人有见宋王者，锡车十乘，以其十乘骄稚庄子。庄子曰："河上有家贫恃纬萧而食者，其子没于渊，得千金之珠。其父谓其子曰：'取石来锻之！夫千金之珠，必在九重之渊而骊龙颔下。子能得珠者，必遭其睡也。使骊龙而寤，子尚奚微之有哉！'今宋国之深，非直九重之渊也；宋王之猛，非直骊龙也。子能得车者，必遭其睡也；使宋王而寤，子为齑粉夫！"

或聘于庄子，庄子应其使曰："子见夫牺牛乎？衣以文绣，食以刍菽。及其牵而入于太庙，虽欲为孤犊，其可得乎！"

---

① "呲"，郭象注："訾也。"

庄子将死，弟子欲厚葬之。庄子曰："吾以天地为棺椁，以日月为连璧①，星辰为珠玑，万物为赍送。吾葬具岂不备邪？何以加此！"

弟子曰："吾恐乌鸢之食夫子也。"

庄子曰："在上为乌鸢食，在下为蝼蚁食，夺彼与此，何其偏也！"

以不平平，其平也不平；以不征征，其征也不征。明者唯为之使，神者征之。夫明之不胜神也久矣，而愚者恃其所见入于人，其功外也，不亦悲乎！

｜天下第三十三｜

天下之治方术者多矣，皆以其有为不可加矣！古之所谓道术者，果恶乎在？

---

① "璧"，原卷作"壁"，据道藏本、覆宋本、世德堂本、褚伯秀本、林希逸本、通行本校改。

曰："无乎不在。"曰："神何由降？明何由出？""圣有所生，王有所成，皆原于一。"

不离于宗，谓之天人。不离于精，谓之神人。不离于真，谓之至人。以天为宗，以德为本，以道为门，兆于变化，谓之圣人。以仁为恩，以义为理，以礼为行，以乐为和，薰然慈仁，谓之君子。以法为分，以名为表，以操[①]为验，以稽为决，其数一二三四是也，百官以此相齿。以事为常，以衣食为主，蕃息畜藏，老弱孤寡为意，皆有以养，民之理也。

古之人其备乎！配神明，醇天地，育万物，和天下，泽及百姓，明于本数，系于末度，六通四辟，小大精粗，其运无乎不在。

其明而在数度者，旧法、世传之史，尚多有之；其在于《诗》《书》《礼》《乐》者，邹鲁之士、搢绅先生，多能明之。《诗》以导[②]志，《书》以导事，《礼》以导行，《乐》以导和，

① "操"，世德堂本、褚伯秀本、通行本作"参"，《经典释文》亦引作"参"，注云："本又作'操'。"
② "导"，道藏本、覆宋本、世德堂本、通行本作"道"，下同。

《易》以导阴阳，《春秋》以导名分。其数散于天下而设于中国者，百家之学时或称而道之。

天下大乱，贤圣不明，道德不一。天下多得一察焉以自好。譬如耳目鼻口，皆有所明，不能相通。犹百家众技也，皆有所长，时有所用。虽然，不该不遍，一曲之士也。判天地之美，析万物之理，察古人之全，寡能备于天地之美，称神明之容。是故内圣外王之道，暗而不明，郁而不发，天下之人各为其所欲焉，以自为方。悲夫！百家往而不反，必不合矣！后世之学者，不幸不见天地之纯，古人之大体，道术将为天下裂。

不侈于后世，不靡于万物，不晖于数度，以绳墨自矫，而备世之急。古之道术，有在于是者。墨翟、禽滑厘，闻其风而悦①之。为之太过，已之大循②。作为《非乐》，命之曰《节用》。生不歌，死无服。墨子泛爱兼利而非斗，

---

① "悦"，世德堂本、通行本作"说"。

② "循"，世德堂本作"顺"。陈鼓应说："循、顺，古通。"成玄英疏："适周己身自顺。"吕惠卿注："而又为之太过，以为己之大循，而非可与人同之者也。""已"作"己"解。梁启超《〈庄子·天下篇〉释义》说："将'已'字读成'己'字，失之。"

其道不怒。又好学而博，不异，不与先王同，毁古之礼乐。

　　黄帝有《咸池》，尧有《大章》，舜有《大韶》，禹有《大夏》，汤有《大濩》，文王有《辟雍》之乐，武王、周公作《武》。古之丧礼，贵贱有仪，上下有等，天子棺椁十①重，诸侯五重，大夫三重，士再重。今墨子独生不歌，死无服，桐棺三寸而无椁，以为法式。以此教人，恐不爱人；以此自行，固不爱己。未败②墨子道，虽然，歌而非歌，哭而非哭，乐而非乐，是果类乎？其生也勤，其死也薄，其道大觳。使人忧，使人悲，其行难为也，恐其不可以为圣人之道，反天下之心，天下不堪。墨子虽独能任，奈天下何！离于天下，其去王也远矣！

　　墨子称道曰："昔者禹之湮洪水，决江河而通四夷九州也。名川三百，支川③三千，小者无数。禹亲自操橐耜，而九④杂天下之川。腓无

---

　　①　"十"，道藏本、覆宋本、世德堂本、褚伯秀本、林希逸本、通行本均作"七"。
　　②　"败"，《经典释文》："或作'毁'。"
　　③　"支川"，《经典释文》："本或作'支流'。"
　　④　"九"，《经典释文》："本亦作'鸠'，聚也。"

肢，胫无毛，沐甚①雨，栉疾风，置万国。禹大圣也，而形劳天下也如此。"使后世之墨者，多以裘褐为衣，以跂𪨗为服，日夜不休，以自苦为极，曰："不能如此，非禹之道也，不足谓墨。"

相里勤之弟子，五侯之徒，南方之墨者苦获、已齿、邓陵子之属，俱诵《墨经》而倍谲不同，相谓别墨。以坚白同异之辩相訾，以觭偶不仵之辞相应，以巨②子为圣人，皆愿为之尸，冀得为其后世，至今不决。

墨翟、禽滑厘之意则是，其行则非也。将使后世之墨者，必自苦以腓无胈、胫无毛相进而已矣。乱之上也，治之下也。虽然，墨子真天下之好也，将求之不得也，虽枯槁不舍也，才士也夫！

不累于俗，不饰于物，不苟于人，不忮于众，愿天下之安宁以活民命，人我之养，毕足

---

① "甚"，《经典释文》："崔本'甚'作'湛'，音淫。"

② "巨"，《经典释文》："向、崔本作'钜'。向云：'墨家号其道理成者为钜子，若儒家之硕儒。'"

而止，以此白①心。古之道术，有在于是者。宋钘、尹文，闻其风而悦之。

作为华山之冠以自表，接万物以别宥为始。语心之容，命之曰心之行，以聏合欢，以调海内，请欲置之以为主。见侮不辱，救民之斗，禁攻寝兵，救世之战。以此周行天下，上说下教，虽天下不取，强聒而不舍者也，故曰上下见厌而强见也。

虽然，其为人太多，其自为太少，曰："请欲固置，五升之饭足矣。"先生恐不得饱，弟子虽饥，不忘天下，日夜不休，曰："我必得活哉！"图傲乎，救世之士哉！

曰："君子不为苛②察，不以身假物。"以为无益于天下者，明之不如已也，以禁攻寝兵为外，以情欲寡浅为内。其小大精粗，其行适至是而止。

公而不党，易而无私，决然无主，趣物而不两，不顾于虑，不谋于知，于物无择，与之俱

---

① "白"，《经典释文》："或作'任'。"
② "苛"，《经典释文》："一本作'苟'。"

往。古之道术，有在于是者。彭蒙、田骈、慎到，闻其风而悦之。

齐万物以为首，曰："天能覆之，而不能载之；地能载之，而不能覆之；大道能包之，而不能辩之。知万物皆有所可，有所不可，故曰选则不遍，教则不至^①，道则无遗^②者矣。"

是故慎到弃知去己，而缘不得已。泠汰于物，以为道理。

曰："知不知，将薄知而后邻伤之者也。"謑髁无任，而笑天下之尚贤也；纵脱无行，而非天下之大圣。椎拍輐断，与物宛转；舍是与非，苟可以免。不师知虑，不知前后，魏然而已矣。推而后行，曳而后往。若飘风之还，若羽之旋，若磨石之隧，全而无非，动静无过，未尝有罪。是何^③故？夫无知之物，无建己之患，无用知之累，动静不离于理，是以终身无誉。故曰："至于若无知之物而已，无用贤圣。夫块不失道。"

---

① "不至"，《经典释文》："一本作'不王'。"
② "遗"，《经典释文》："本又作'贵'。"
③ "何"，原卷作"可"，据文意及道藏本、覆宋本、世德堂本、褚伯秀本、林希逸本校改。

豪杰相与笑之曰："慎到之道，非生人之行，而至死人之理，适得怪焉。"

田骈亦然，学于彭蒙，得不教焉。彭蒙之师曰："古之道人，至于莫之是、莫之非而已矣。其风窢①然，恶可而言？"常反人，不聚②观，而不免于魭断③。其所谓道非道，而所言之韪不免于非。彭蒙、田骈、慎到不知道。虽然，概乎皆尝有闻者也。

以本为精，以物为粗，以有积为不足，澹然独与神明居。古之道术，有在于是者。关尹、老聃，闻其风而悦之。

建之以常无有，主之以太一，以濡弱谦下为表，以空虚不毁万物为实。

关尹曰："在己无居，形物自著。其动若水，其静若镜，其应若响。芴乎若亡，寂乎若清。同焉者和，得焉者失。未尝先人，而常随人。"

---

① "窢"，《经典释文》："字亦作'罠'，又作'阓'。"
② "聚"，世德堂本、通行本作"见"，《经典释文》亦引作"见"，注云："不见观，一本作'不聚观'。"
③ "断"，《经典释文》："一本无'断'字。"

老聃曰："知其雄，守其雌，为天下溪；知其白，守其辱，为天下谷。"人皆取先，己独取后。曰："受天下之垢。"

人皆取实，己独取虚。无藏也故有余。岿然而有余。①其行身也，徐而不费，无为也而笑巧。人皆求福，己独曲全。曰："苟免于咎。"以深为根，以约为纪。曰："坚则毁矣，锐则挫矣。"常宽容于物，不削于人。可谓至极。关尹、老聃乎，古之博大真人哉！

寂②漠无形，变化无常，死与生与？天地并与？神明往与？芒乎何之？忽乎何适？万物毕罗，莫足以归。古之道术，有在于是者。庄周闻其风而悦之。以谬悠之说，荒唐之言，无端崖之辞，时恣纵而不傥，不以觭见之也。以天下为沉浊，不可与庄语，以卮言为曼衍，以重言为真，以寓言为广。独与天地精神往来，而不敖倪于万物，不谴是非，以与世俗处。其书虽瑰玮而连犿

① 此两句刘文典《庄子补正》说："案，'无藏也故有余'，与下句'岿然而有余'，语意重复。"陈鼓应《庄子今注今译》据此删去"岿然而有余"。

② "寂"，世德堂本、通行本作"芴"，《经典释文》亦引作"芴"，注云："元嘉本作'寂'。"

无伤也，其辞虽参差而俶诡可观。彼其充实，不可以已。上与造物者游，而下与外死生、无终始者为友。其于本也，弘大而辟，深闳而肆；其于宗也，可谓调①适而上遂矣。虽然，其应于化而解于物也，其理不竭，其来不蜕。芒乎昧乎，未之尽者。

惠施多方，其书五车，其道舛驳，其言也不中。

历物之意，曰："至大无外，谓之大一；至小无内，谓之小一。无厚，不可积也，其大千里。天与地卑，山与泽平。日方中方睨，物方生方死。大同而与小同异，此之谓'小同异'；万物毕同毕异，此之谓'大同异'。南方无穷而有穷。今日适越而昔来。连环可解也。我知天下之中央，燕之北、越之南是也。泛爱万物，天地一体也。"惠施以此为大，观于天下而晓辩者。

天下之辩者，相与乐之。卵有毛；鸡三足；郢有天下；犬可以为羊；马有卵；丁子有尾；火

---

① "调"，世德堂本、褚伯秀本、通行本作"稠"，《经典释文》亦引作"稠"，注云："稠，音调。本亦作'调'。"

不热；山出口；轮不蹍①地；目不见；指不至，至不绝；龟长于蛇；矩不方，规不可以为圆；凿不围枘；飞鸟之景，未尝动也；镞矢之疾，而有不行不止之时；狗非犬；黄马骊牛三；白狗黑；孤驹未尝有母；一尺之捶，日取其半，万世不竭。辩者以此与惠施相应，终身无穷。

桓团、公孙龙辩者之徒，饰人之心，易人之意，能胜人之口，不能服人之心，辩者之囿也。惠施日以其知与人之辩，特与天下之辩者为怪，此其柢也。

然惠施之口谈，自以为最贤，曰："天地其壮乎！"施存雄而无术。南方有倚人焉曰黄缭，问天地所以不坠不陷，风雨雷霆之故。惠施不辞而应，不虑而对，遍为万物说，说而不休，多而无已，犹以为寡，益之以怪。以反人为实，而欲以胜人为名，是以与众不适也。弱于德，强于物，其涂隩矣。由天地之道，观惠施之能，其犹一蚊一虻之劳者也。其于物也何庸！夫充一尚可，曰愈贵道，几矣！惠施不能以此自宁，散于

---

① "蹍"，《经典释文》："本又作'跈'。"

万物而不厌，卒以善辩为名。惜乎！惠施之才，
骀荡而不得，逐万物而不反，是穷响以声，形与
影竞走也。悲夫！